わからないをわかるにかえる

英検® 単語帳

BUNRI

はじめに INTRODUCTION

この度，大人気の超基礎問題集『わからないをわかるにかえる』の英検シリーズに単語帳が登場しました。英検合格を目指してがんばるみなさまの中には，「おぼえたつもりなのに，試験に出るとわからない」「試験までに1冊の単語帳をやり切れない」といった悩みを抱えている方々も多いのではないかと思います。これらの悩みを解決するべく，様々な工夫を凝らした**絶対におぼえられる単語帳**が誕生しました。

1 別冊の『テストブック』で定着が確認できる！

本書には別冊で『**わかるにかえる! 5分間テストブック**』をつけました。単語帳の1回分の学習量（見開き2ページ）に1ページで対応しています。**すべての単語・熟語**が出題されるので，もれなく定着の確認ができます。

2 単語・熟語を厳選し，1単元分の取り組む分量が明確だから，最後までやり切れる！

過去問を分析し，**合格に必要な単語・熟語を厳選**。**単語帳2ページ+テストブック1ページ**で，計画的に勉強を進めやすい構成にしました。

3 開きやすいから書き込んで使える！

つくえの上で開いて書き込みができるように，**開きやすい製本**にしました。単語帳に書き込みをしたり，単語帳を見ながら別の紙に写したり…定着に欠かせない「書く」練習にも最適です。

4 掲載されているすべての英語を無料の音声で確認できる！

単語帳に掲載されている**すべての見出し語・フレーズ・例文**に音声をつけました。音声を聞きながら勉強すると，リスニング問題にも役立ちます。

5 無料単語学習アプリ『どこでもワーク』でいつでもどこでも見直せる！

スキマ時間にも学習ができる単語学習アプリをつけました。**単語・熟語カード**と**3択クイズ**の2つの機能によって，くりかえし学習することが可能です。

もくじ CONTENTS

イラスト：
しゅんぶん,
クボトモコ,
菅野彩,
BONNOUM

この本の構成

（単語編）

過去問を分析して，英検によく出る単語を**カテゴリー別**に収録しました！

●**見出し語の和訳**：英検によく出る意味を中心に紹介します。赤シートを使ってチェックができます。

単語帳

1　家の中①　001～012

Step1　絵を見て，チャンツに続けて発音しよう。

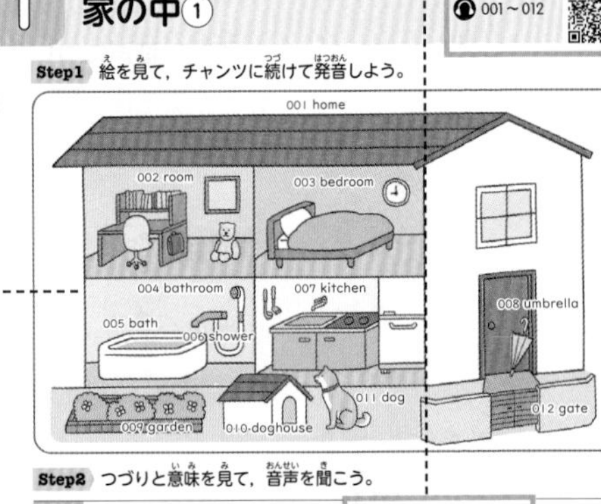

Step2　つづりと意味を見て，音声を聞こう。

001	**home** [houm] ホウム ▶ at home　家に	名 家　副 家に[へ]
002	**room**	名 部屋
003	**bedroom** [bédru:m] ベドゥルーム	名 寝室
004	**bathroom** [bǽθru:m] バスルーム	名 浴室，トイレ

12

●**イラスト**：単元で扱うすべての単語のイラストです。

●**見出し語**：英検によく出る順番で単語を紹介します。

●**フレーズと和訳**：英検によく出る形で紹介します。見出し語にあたる部分の和訳は赤シートで隠すことができます。

●**チェック欄**：おぼえていなかった単語には✓を入れましょう。

●**発音記号・カタカナ表記**：見出し語の読み方を表します。カタカナ表記はあくまでも目安です。

●**コメント**：単語をおぼえるための知識や英検で出題されるときのポイントをキャラクターが説明します。

●音声ファイル名・QRコード：音声を聞くことができます。→くわしくはp.7
※QRコードは(株)デンソーウェーブの登録商標です。
●インジケーター：何語まで取り組んだかがわかります。
0 100 200 300 400 500 600 700
005 bath [bæθ] バス 名 風呂
▶ take a bath 風呂に入る
006 shower [ʃáuər] シャウア 名 シャワー
▶ take a shower シャワーを浴びる
007 kitchen [kítʃən] キチン 名 台所
つづりに注意しよう!
008 umbrella [ʌmbrélə] アンブレラ 名 かさ
009 garden [gá:rdn] ガードゥン 名 庭，庭園
010 doghouse [dɔ́:ghaus] ドーグハウス 名 犬小屋
011 dog [dɔ:g] ドーグ 名 犬
012 gate [geit] ゲイト 名 門
名詞
テストブック対応ページ
『5分間テストブック』を解いてみよう！ ➜ 別冊 p.4
●単語の問題：すべての単語に対応した問題を収録。赤シートを使って定着をチェックしましょう。取り外して持ち運ぶこともできます。
テストブック
1 家の中①
1 次の絵を表す単語をおぼえているか確認しましょう。思い浮かべられなかった単語にチェックを入れましょう。
(1) dog (2) umbrella (3) bathroom
(4) bedroom (5) doghouse (6) kitchen
ヒント ★kitchen ★bathroom ★umbrella ★bedroom ★doghouse ★dog
2 次の日本語の意味を表す英語をおぼえているか確認しましょう。思い浮かべられなかった単語にチェックを入れましょう。
(1) 門 gate
(2) 部屋 room
庭 garden
(4) 呂に入る take a bath
(5) 家 at home
単語帳対応ページ
garden ★room
4 おぼえていなかった単語は 単語帳 12 ページにもどって、もういちど確認しよう。
単語帳とテストブックをいったりきたり！くりかえし学習することが大切。
POINT!

この本の構成

（熟語編・会話表現編）

熟語編

過去問を分析して，
よく出る熟語をイラストと
あわせて収録しました。
英検によく出る用例を調べ，
すべてに例文を掲載。
音声を聞きながら
学習しましょう。

会話表現編

過去問を分析して，
よく出る40の表現を
厳選しました。
すべての表現に
場面設定がわかる
イラストと音声が
付いています。

51 動詞の働きをする熟語① 601～610

Step1 絵を見て，チャンツに続けて発音しよう。

want to ～　be going to ～　have to ～
need to ～　have a cold
come home　look for ～　be late for ～
take a picture　take ～ to ...

Step2 つづりと意味を見て，音声を聞こう。

601 **want to ～**　～したい
▶ I **want to** buy some ice cream.
私はいくらかのアイスを買いたいです。

「～は何を…したいですか」はリスニングで頻出！

602 **be going to ～**　～するつもりだ
▶ Ken **is going to** play soccer after school.
ケンは放課後，サッカーをするつもりです。

114

会話表現① 01～08

使われているあいさつでどんな場面なのか判断することができるよ！

1 あいさつ・お礼など

01 出会いのあいさつ
I'm happy to meet you.
あなたに会えてうれしいです。
I'm happy to meet you, too.
私も，あなたにお会いできてうれしいです。

02 感謝の気持ちを伝える
Thank you for coming.
来てくれてありがとう。
You're welcome.
どういたしまして。

03 別れのあいさつ
Have a good day.
よい1日を過ごしてね。
Thank you. You, too.
ありがとうございます。あなたも。

04 別れの一言
Good luck.
幸運を祈っているよ。
Thanks. I'll do my best!
ありがとうございます。全力をつくします！

136

熟語も **テストブック** **に対応！**すべての熟語の定着をチェックできます。

表記・音声について

表記について

品詞	動 動詞	名 名詞	形 形容詞	副 副詞	接 接続詞
	前 前置詞	代 代名詞	助 助動詞	冠 冠詞	間 間投詞

語形変化

比較　**good - better - best**
比較の文で不規則に変化する形容詞・副詞を，**原級-比較級-最上級**の順に紹介します。
複 不規則に変化する名詞の複数形
過 不規則に変化する動詞の過去形

発音・アクセント

発音　発音に注意するべき語
 アクセントに注意するべき語の，強く読む文字の上に置いています。

その他の表記

▶ フレーズ・例文
( ) 省略可能，補足説明　　[ ] 直前の語句と言い換え可能

音声の再生方法

本書では以下の音声を ❶ ～ ❸ の3つの方法で再生することができます。

- **単語編**：チャンツ，見出し語→見出し語の和訳，見出し語→フレーズ・例文（英語）
- **熟語編**：チャンツ，見出し語→見出し語の和訳，見出し語→例文（英語）
- **会話表現編**：例文（英語）

1 QRコードを読み取る

各単元の冒頭についている，QRコードを読み取ってください。

1 家の中① 

2 PC・スマートフォンからアクセスする

WEBサイト **https://listening.bunri.co.jp/** へアクセスし，
アクセスコード [C7WYE] を入力してください。

3 音声をダウンロードする

文理ホームページよりダウンロードも可能です。

URL：https://portal.bunri.jp/kaeru/eiken-tango/appendix.html

※【スマホ推奨ブラウザ】iOS 端末：Safari　Android 端末：標準ブラウザ，Chrome

この本の使い方 単語帳とテストブック

英単語を絶対に忘れないために，本書のおすすめの使い方を紹介します。

1回分の使い方

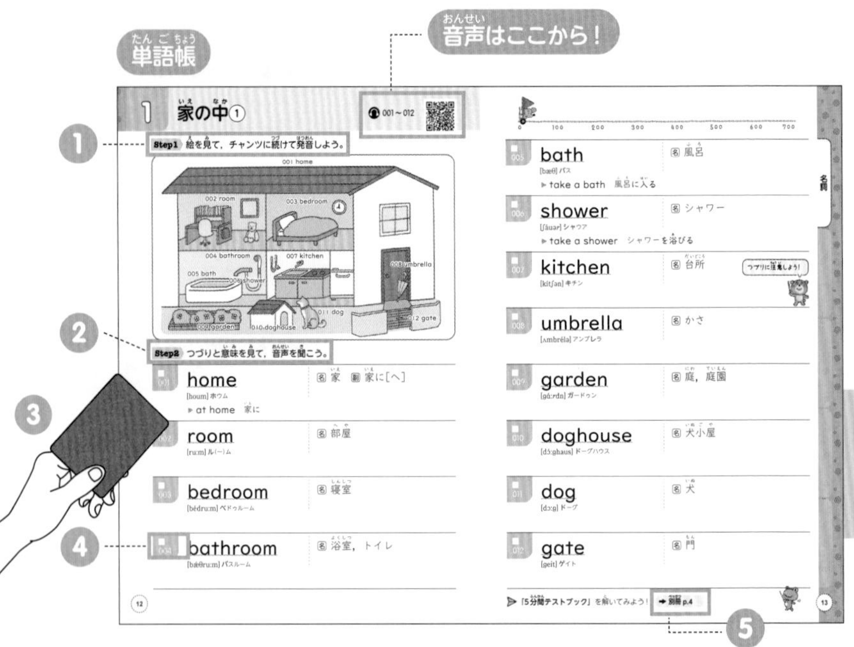
単語帳

音声はここから！

1 家の中①

001～012

① Step1 絵を見て，チャンツに続けて発音しよう。

001 home
002 room
003 bedroom
004 bathroom
005 bath
006 shower
007 kitchen
008 umbrella
009 garden
010 doghouse
011 dog
012 gate

② Step2 つづりと意味を見て，音声を聞こう。

③

④

001	**home** [houm] ホウム ▶ at home 家に	名 家 副 家に[へ]
002	**room** [ru:m] ル(ー)ム	名 部屋
003	**bedroom** [bédru:m] ベドゥルーム	名 寝室
004	**bathroom** [bǽθru:m] バスルーム	名 浴室，トイレ
005	**bath** [bæθ] バス ▶ take a bath 風呂に入る	名 風呂
006	**shower** [ʃáuər] シャウア ▶ take a shower シャワーを浴びる	名 シャワー
007	**kitchen** [kítʃən] キチン	名 台所
008	**umbrella** [ʌmbrélə] アンブレラ	名 かさ
009	**garden** [gá:rdn] ガードゥン	名 庭，庭園
010	**doghouse** [dɔ́:ghaus] ドーグハウス	名 犬小屋
011	**dog** [dɔ:g] ドーグ	名 犬
012	**gate** [geit] ゲイト	名 門

つづりに注意しよう！

名詞

0 100 200 300 400 500 600 700

12　13

▶「5分間テストブック」を解いてみよう！ ➡ 別冊 p.4

⑤

HOW TO USE

❶ 絵を見て，チャンツに続けて発音する Step1 の指示文に従って，絵を見ながらチャ
ツに続けて発音します。

❷ つづりと意味を見て，音声を聞く Step2 の指示文に従って，単語と和訳の音声を聞
ます。フレーズや例文があるページではその音声も確認しましょう。

❸ 赤シートで確認する 見出し語の和訳を隠しておぼえているかどうか確認します。

❹ チェックする すぐに意味が思い浮かばなかった単語にはチェックをつけておきます。復習して完全に身についていたら，チェックを消しましょう。

❺ 別冊のテストブックに挑戦する テストブックの該当のページを開きましょう。

単語学習アプリ どこでもワーク

本書に対応した**単語・熟語カード**と**3択クイズ**ができるアプリです。
右のQRコードからダウンロードしてください。**アクセスコード [C7WYE]**

※音声配信サービスおよび「どこでもワーク」は無料ですが，別途各通信会社の通信料がかかります。
※お客様のネット環境および端末によりご利用いただけない場合がございます。

テストブック

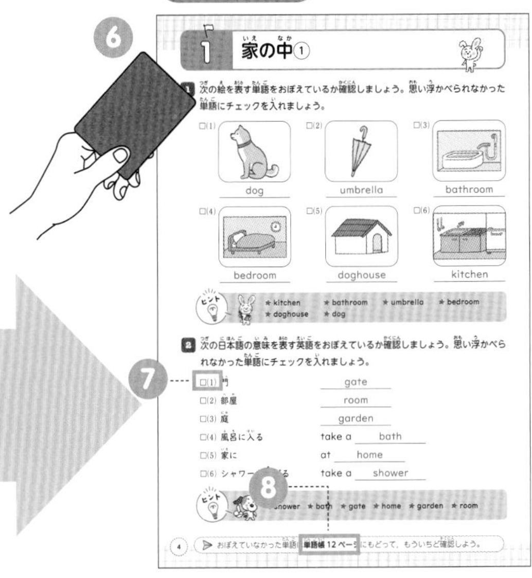

1 家の中①

1 次の絵を表す単語をおぼえているか確認しましょう。思い浮かべられなかった単語にチェックを入れましょう。

□(1) dog　□(2) umbrella　□(3) bathroom
□(4) bedroom　□(5) doghouse　□(6) kitchen

ヒント ★kitchen ★bathroom ★umbrella ★bedroom ★doghouse ★dog

2 次の日本語の意味を表す英語をおぼえているか確認しましょう。思い浮かべられなかった単語にチェックを入れましょう。

□(1) 門 gate
□(2) 部屋 room
□(3) 庭 garden
□(4) 風呂に入る take a bath
□(5) 家に at home
□(6) シャワーを浴びる take a shower

ヒント ★shower ★bath ★gate ★home ★garden ★room

4　おぼえていなかった単語は 単語帳 12 ページにもどって，もういちど確認しよう。

単語帳で
おぼえたあとに，
テストでチェック。
スキマ時間は
どこでもワークを
活用すればカンペキ！

❻ **テストをとく** 赤シートを使ってテストをときます。

テストでは単語帳の見開き２ページで学習したすべての単語の確認ができます。

❼ **チェックする** わからなかった単語にはチェックをつけておきます。

❽ **単語帳対応ページを確認する** テストで間違えたところは単語帳にもどってもう一度確認しましょう。

この本の使い方　タイプ別学習方法

英単語を絶対に忘れないために，本書のおすすめの使い方を紹介します。

スタート！

2か月前	1か月前	本番

- 平日は1単元×5日　週末は2単元×2日
- チェックが入った単語を復習

2か月お疲れ様！チェックが入った単語を総復習しよう！

スタート！

1か月前	本番

- 週末に9単元×2日
- 平日のスキマ時間に『**どこでもワーク**』で強化！

スキマ時間をうまく使えたかな？チェックが入った単語を見直そう！

スタート！

2週間前	本番

- 平日は4単元×5日　週末は7単元×2日
- 3日に1回チェックが入った単語を復習

短い期間でよくがんばったね！チェックが入った単語を中心に仕上げよう！

あなたはどのコースで学習する？

○をつけて，進め方の参考にしましょう。

コツコツゆっくりコース　／　週末集中コース　／　直前追い込みコース

予定にあわせて，1日の単元数を調節してね！

単語600

英検では単語の知識が重要！
この章では英検でよく出る単語を
イラストといっしょに学習するよ。
イメージしながら暗記しようね。

1 家の中①

001～012

Step1 絵を見て，チャンツに続けて発音しよう。

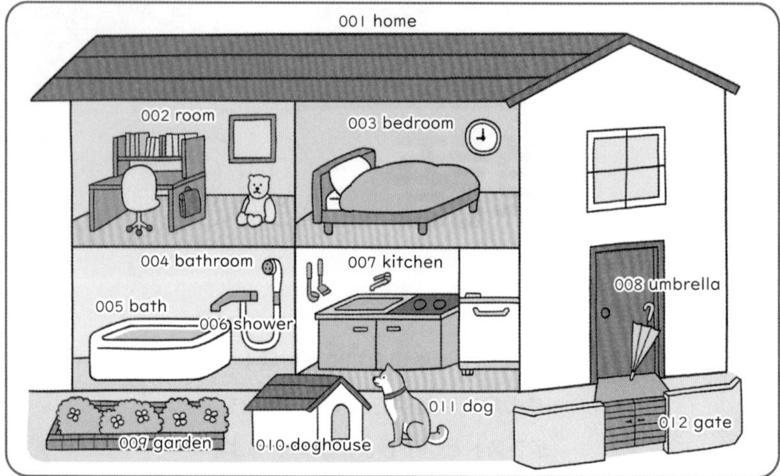

Step2 つづりと意味を見て，音声を聞こう。

001

home

[houm] ホウム

▶ at home 家に

名 家 副 家に[へ]

002

room

[ru:m] ルーム

名 部屋

003

bedroom

[bédru:m] ベドゥルーム

名 寝室

004

bathroom

[bǽθru:m] バスルーム

名 浴室，トイレ

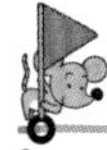

005 **bath** 名 風呂（ふろ）

[bæθ] バス

▶ take a bath　風呂（ふろ）に入（はい）る

006 **shower** 名 シャワー

[ʃáuər] シャウア

▶ take a shower　シャワーを浴（あ）びる

007 **kitchen** 名 台所（だいどころ）

[kítʃən] キチン

つづりに注意（ちゅうい）しよう!

008 **umbrella** 名 かさ

[ʌmbrélə] アンブレラ

009 **garden** 名 庭（にわ），庭園（ていえん）

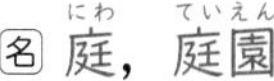

[gáːrdn] ガードゥン

010 **doghouse** 名 犬小屋（いぬごや）

[dɔ́ːghaus] ドーグハウス

011 **dog** 名 犬（いぬ）

[dɔːg] ドーグ

012 **gate** 名 門（もん）

[geit] ゲイト

『5分間（ふんかん）テストブック』を解（と）いてみよう！　➡ 別冊（べっさつ） p.4

2 家の中②

013～024

Step1 絵を見て，チャンツに続けて発音しよう。

Step2 つづりと意味を見て，音声を聞こう。

013 **video game**
[vídiou gèim] ヴィディオウ ゲイム

名 テレビゲーム

014 **table**
[téibl] テイブル

名 テーブル，食卓

015 **poster**
[póustə*r*] ポウスタァ

名 ポスター

016 **sofa**
[sóufə] ソウファ

名 ソファー

017

glass

[glæs] グラス

名 コップ，ガラス

▶ a glass of juice　コップ1杯のジュース

glasses で「めがね」という意味になるよ！

018

rose

[rouz] ロウズ

名 バラ

019

newspaper

[njú:zpeipər] ニューズペイパァ

名 新聞

020

magazine

[mǽgəzi:n] マガズィーン

名 雑誌

021

dish

[diʃ] ディッシ

名 皿，料理

「皿」という意味の他に，「料理」という意味もあることに注意しよう！

022

radio

発音

[réidiou] レイディオウ

名 ラジオ

023

pet

[pet] ペット

名 ペット

▶ have a pet　ペットを飼っている

024

hamster

[hǽmstər] ハムスタァ

名 ハムスター

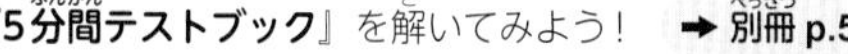
『5分間テストブック』を解いてみよう！　➡ 別冊 p.5

3 家の中③

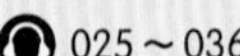

Step1 絵を見て，チャンツに続けて発音しよう。

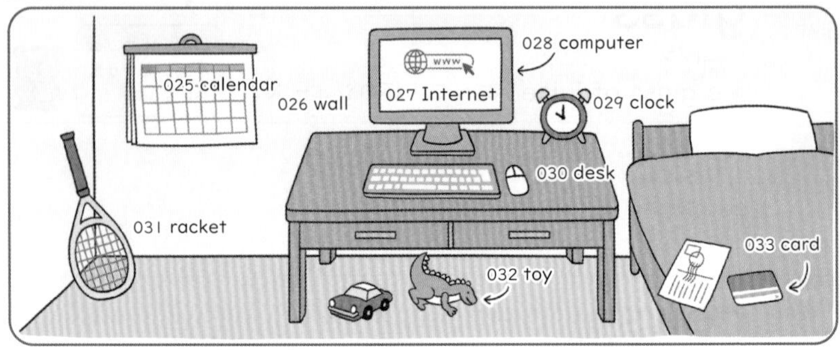

034 information

035 news

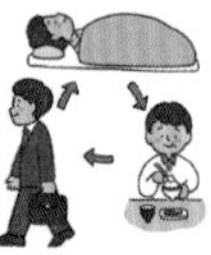

036 life

Step2 つづりと意味を見て，音声を聞こう。

025 **calendar**

[kǽləndər] キャレンダァ

名 カレンダー

026 **wall**

[wɔ:l] ウォール

名 壁，塀

▶ on the wall　壁に

027 **Internet**

[íntərnet] インタネト

名 (the Internet で)インターネット

▶ on the Internet　インターネットで

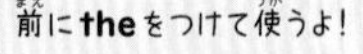

028 **computer**

[kəmpjú:tər] コンピュータァ

名 コンピューター

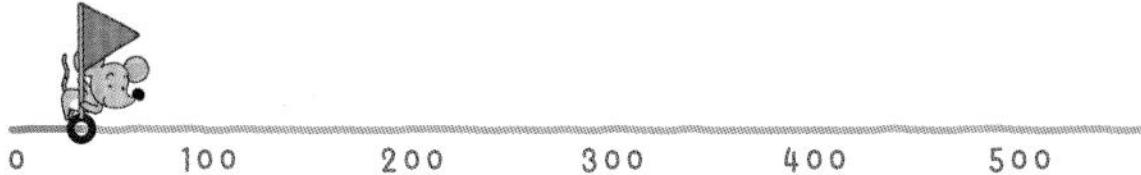

名詞

029 **clock**
[klɑk] クラック

名 (置(お)き)時計(どけい)，かけ時計(どけい)

030 **desk**
[desk] デスク

名 机(つくえ)

031 **racket**
[rǽkit] ラケト

名 (テニスなどの)ラケット

032 **toy**
[tɔi] トイ

名 おもちゃ

033 **card**
[kɑːrd] カード

名 カード，はがき

034 **information**
[infərméiʃən] インフォメイション

名 情報(じょうほう)

035 **news** 発音
[njuːz] ニューズ

名 ニュース，報道(ほうどう)

日本語(にほんご)の「ニュース」とはちがって，「ニューズ」と発音(はつおん)するよ！

036 **life**
[laif] ライフ

名 生活(せいかつ)，生命(せいめい)
複 lives

『5分間(ふんかん)テストブック』を解(と)いてみよう！ ➡ 別冊(べっさつ) p.6

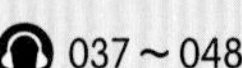

Step1 絵を見て，チャンツに続けて発音しよう。

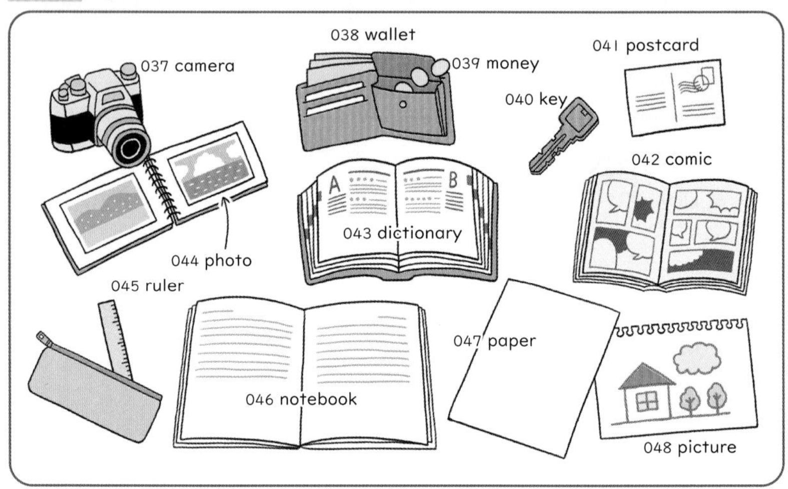

Step2 つづりと意味を見て，音声を聞こう。

037 **camera** 
[kǽmərə] キャメラ
名 カメラ

038 **wallet**
[wálit] ワレト
名 さいふ

039 **money**
[mʌ́ni] マニィ
名 お金

040 **key**
[ki:] キー
名 かぎ

041

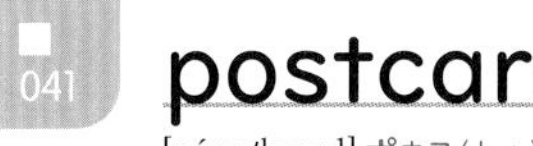

postcard

[póus*t*kɑːrd] ポウス(トゥ)カード

名 はがき

042

comic

[kάmik] カミク

名 漫画本(まんがぼん)，コミック

043

dictionary

[díkʃəneri] ディクショネリィ

名 辞書(じしょ)，辞典(じてん)

044

photo

[fóutou] フォウトウ

名 写真(しゃしん)

複 photos

045

ruler

[rúːlə*r*] ルーラァ

名 定規(じょうぎ)

046

notebook

[nóutbuk] ノウトゥブク

名 ノート

047

paper

[péipə*r*] ペイパァ

名 紙(かみ)

048

picture

[píktʃə*r*] ピクチァ

名 絵(え)，写真(しゃしん)

▶ draw a picture　絵(え)を描(えが)く

take a picture で「写真(しゃしん)を撮(と)る」だよ！

『5分間(ふんかん)テストブック』を解(と)いてみよう！　➡ 別冊(べっさつ) p.7

5 家の中⑤

Step1 絵を見て，チャンツに続けて発音しよう。

049 letter

050 e-mail

051 stamp

052 page

053 album

054 brush

055 ring

056 eraser

057 homework

058 textbook

059 phone

060 puzzle

Step2 つづりと意味を見て，音声を聞こう。

049 **letter**

[létər] レタァ

名 手紙，文字

050 **e-mail**

[íːmeil] イーメイル

名 Eメール　動 ～にEメールを送る

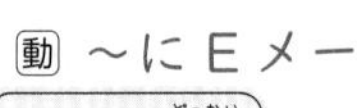

Eメールの読解やリスニングでよく出る語だよ！

051 **stamp**

[stæmp] スタンプ

名 切手，印

動 ～にスタンプを押す

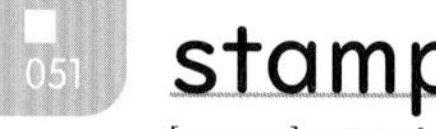

052 **page**

[peidʒ] ペイヂ

名 (本の)ページ

053 **album** [ǽlbəm] アルバム

名 アルバム

054 **brush** [brʌʃ] ブラシ

名 ブラシ　動 ～をみがく

055 **ring** [riŋ] リング

名 指輪（ゆびわ）　動 鳴（な）る

056 **eraser** [iréisər] イレイサァ

名 消（け）しゴム，黒板消（こくばんけ）し

057 **homework** [hóumwəːrk] ホウムワーク

名 宿題（しゅくだい）

058 **textbook** [tékstbuk] テクス(トゥ)ブク

名 教科書（きょうかしょ）

059 **phone** [foun] フォウン

名 電話（でんわ）　動 ～に電話（でんわ）をかける，電話（でんわ）をかける

▶ talk on the phone　電話（でんわ）で話（はな）す

cell phone「携帯電話（けいたいでんわ）」もおぼえよう！

060 **puzzle** [pʌ́zl] パズル

名 パズル

▷『5分間（ふんかん）テストブック』を解（と）いてみよう！　➡ 別冊（べっさつ）p.8

6 町の中①

Step1 絵を見て，チャンツに続けて発音しよう。

Step2 つづりと意味を見て，音声を聞こう。

061 **place** [pleis] プレイス
名 場所

掲示の読解で場所を示すときに，**PLACE**：○○の形で出るよ！

062 **college** [kálidʒ] カレヂ
名 単科大学，大学

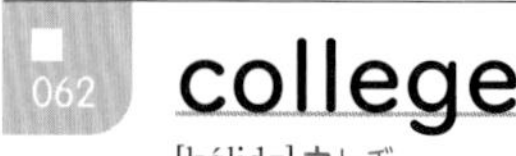

063 **bank** [bæŋk] バンク
名 銀行

064 **restaurant** [réstərənt] レストラント
名 レストラン

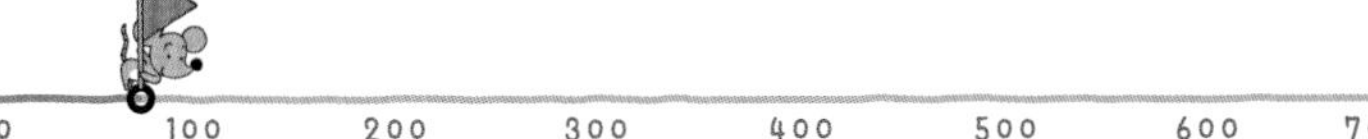

名詞

065 **bus**

[bʌs] バス

▶ by bus　バスで

名 バス

by を使って交通手段を表すときは，乗り物の前に a や the はつけないよ。

066 **zoo**

[zuː] ズー

名 動物園

067 **people**

[piːpl] ピープル

名 人々

068 **university**

[juːnəvə́ːrsəti] ユーニヴァースィティ

名 大学

069 **taxi**

[tǽksi] タクスィ

名 タクシー

070 **car**

[kɑːr] カー

名 車

071 **train**

[trein] トゥレイン

名 列車，電車

072 **station**

[stéiʃən] ステイション

▶ at the station　駅で

名 駅

『5分間テストブック』を解いてみよう！ ➡ 別冊 p.9

7 町の中②

Step1 絵を見て，チャンツに続けて発音しよう。

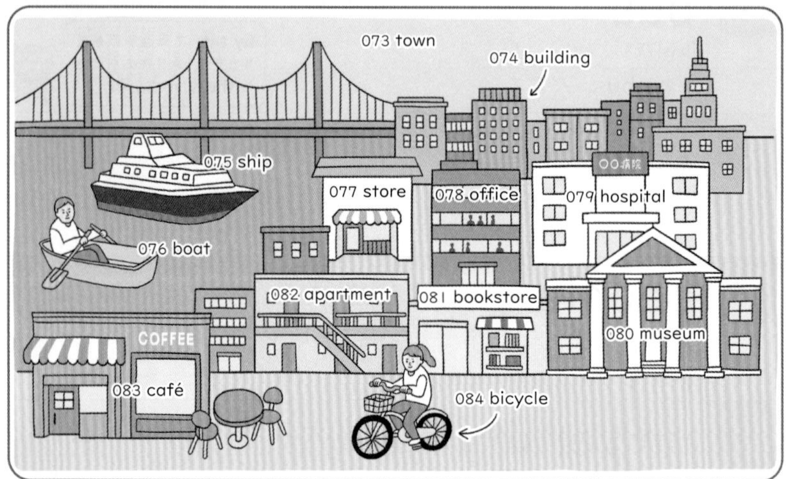

Step2 つづりと意味を見て，音声を聞こう。

□ 073 **town**
[taun] タウン
名 町

□ 074 **building**
[bíldiŋ] ビルディング
名 建物，ビル

□ 075 **ship**
[ʃip] シップ
名 (大型の)船

□ 076 **boat**
[bout] ボウト
名 ボート，(小型の)船

0 100 200 300 400 500 600 700

077 **store**

[stɔːr] ストー(ァ)

名 店(みせ)

department store「デパート」や sports store「スポーツ店(てん)」の形(かたち)でよく出(で)るよ！

078 **office**

[ɔ́:fis] オーフィス

名 事務所(じむしょ)，会社(かいしゃ)

079 **hospital**

[háspitl] ハスピトゥル

名 病院(びょういん)

080 **museum**

[mjuːzíːəm] ミューズィーアム

名 博物館(はくぶつかん)，美術館(びじゅつかん)

081 **bookstore**

[búkstɔːr] ブクストー(ァ)

名 書店(しょてん)

082 **apartment**

[əpɑ́ːrtmənt] アパートゥメント

名 アパート，マンション

083 **café**

[kæféi] キャフェイ

名 カフェ，軽食堂(けいしょくどう)

084 **bicycle**

[báisikl] バイスィクル

▶ by bicycle　自転車(じてんしゃ)で

名 自転車(じてんしゃ)

bike も同(おな)じ意味(いみ)で使(つか)われるよ！

『5分間(ふんかん)テストブック』を解(と)いてみよう！　➡ 別冊(べっさつ) p.10

🎧 085～096

Step1 絵を見て，チャンツに続けて発音しよう。

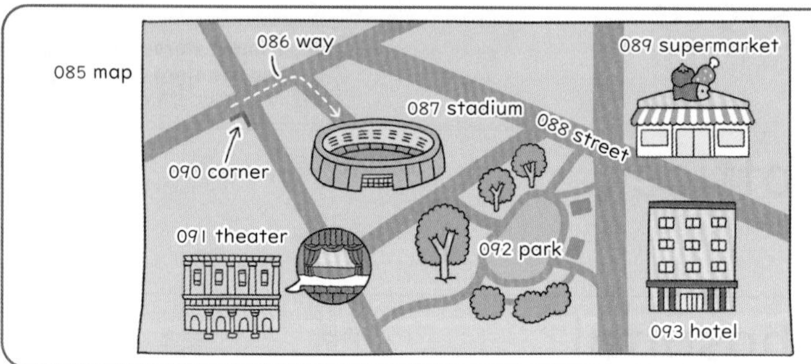

094 end

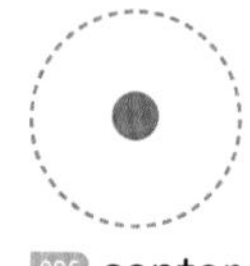
095 center

096 front

Step2 つづりと意味を見て，音声を聞こう。

085 **map** 　名 地図

[mæp] マップ

086 **way** 　名 道，方向

[wei] ウェイ

▶ the way to the hospital 病院への道

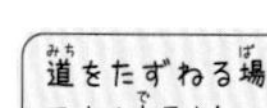

087 **stadium** 発音 　名 スタジアム，競技場

[stéidiəm] ステイディアム

088 **street** 　名 通り

[stri:t] ストゥリート

089 **supermarket**
[sú:pərmɑ:rkit] スーパマーケト
名 スーパーマーケット

090 **corner**
[kɔ́:rnər] コーナァ
名 曲がり角，角
▶ at the next corner　次の曲がり角で

091 **theater**
[θíətər] スィアタァ
名 劇場，映画館

「映画館」は movie theater ともいうよ！

092 **park**
[pɑ:rk] パーク
名 公園

093 **hotel**
[houtél] ホウテル
名 ホテル

094 **end**
[end] エンド
名 終わり，つき当たり
動 ～を終わらせる，終わる

095 **center**
[séntər] センタァ
名 センター，中心
▶ shopping center　ショッピングセンター

096 **front**
[frʌnt] フラント
名 正面，前面
▶ in front of the station　駅の前で

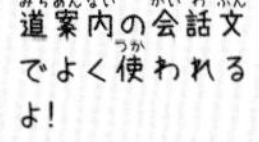

道案内の会話文でよく使われるよ！

『5分間テストブック』を解いてみよう！　➜ 別冊 p.11

9 職業(しょくぎょう)

Step1 絵(え)を見(み)て，チャンツに続(つづ)けて発音(はつおん)しよう。

097 writer

098 artist

099 dentist

100 pilot

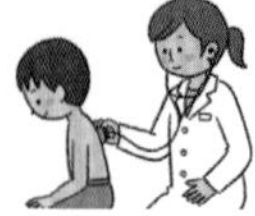
101 doctor

102 singer

103 coach

104 actor

105 teacher

106 job

107 dream

108 future

Step2 つづりと意味(いみ)を見(み)て，音声(おんせい)を聞(き)こう。

097 **writer**

[ráitər] ライタァ

名 作家(さっか)，筆者(ひっしゃ)

098 **artist**

[ɑ́:rtist] アーティスト

名 芸術家(げいじゅつか)，画家(がか)

099 **dentist**

[déntist] デンティスト

名 歯科医(しかい)

100 **pilot**

[páilət] パイロト

名 パイロット

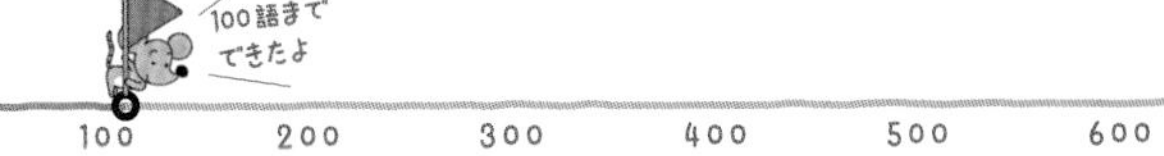
100語まで
できたよ
0
100
200
300
400
500
600
700

101 **doctor**
[dáktər] ダクタァ

名 医者（いしゃ）

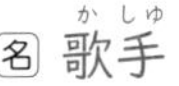

102 **singer**
[síŋər] スィンガァ

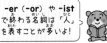

名 歌手（かしゅ）

-er（-or）や -ist
で終わる名詞は「人」
を表すことが多いよ！

103 **coach**
[koutʃ] コウチ

名 コーチ，指導者（しどうしゃ）
動 ～を指導（しどう）する

104 **actor**
[ǽktər] アクタァ

名 俳優（はいゆう）

105 **teacher**
[tí:tʃər] ティーチァ

名 教師（きょうし），先生（せんせい）

106 **job**
[dʒɑb] ヂャブ

名 仕事（しごと），職（しょく）

107 **dream**
[dri:m] ドゥリーム

名 夢（ゆめ）
動 夢（ゆめ）を見（み）る

108 **future**
[fjú:tʃər] フューチァ
▶ in the future　将来（しょうらい）に

名（ふつう the future で）将来（しょうらい），未来（みらい）

前（まえ）に **the** をつけて使（つか）うよ！

『5分間テストブック』を解いてみよう！ ➡ 別冊 p.12

10 家族・人

Step1 絵を見て，チャンツに続けて発音しよう。

109 wife

110 husband

111 grandmother

112 grandfather

113 grandparent

114 son

115 daughter

116 aunt

117 uncle

118 cousin

119 woman

120 man

Step2 つづりと意味を見て，音声を聞こう。

109 **wife**

[waif] ワイフ

名 妻

複 wives

110 **husband**

[hʌ́zbənd] ハズバンド

名 夫

111 **grandmother**

[grǽndmʌðər] グラン(ドゥ)マザァ

名 祖母，おばあさん

会話文で呼びかけるときは，**Grandma**「おばあちゃん」，**Grandpa**「おじいちゃん」というよ！

112 **grandfather**

[grǽndfɑːðər] グラン(ドゥ)ファーザァ

名 祖父，おじいさん

113 **grandparent**
[grǽndpeərənt] グラン(ドゥ)ペ(ア)レント
名 (grandparents で)祖父母

114 **son**
[sʌn] サン
名 息子

115 **daughter** 発音
[dɔ́:tər] ドータァ
名 娘

116 **aunt**
[ænt] アント
名 おば

117 **uncle**
[ʌŋkl] アンクル
名 おじ

118 **cousin** 発音
[kʌzn] カズン
名 いとこ

119 **woman**
[wúmən] ウマン
名 女性
複 women

120 **man**
[mæn] マン
名 男性
複 men

man も woman も会話文やリスニングの問いでよく出るよ！

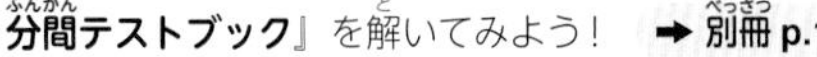
『5分間テストブック』を解いてみよう！ ➡ 別冊 p.13

11 旅行

Step1 絵を見て，チャンツに続けて発音しよう。

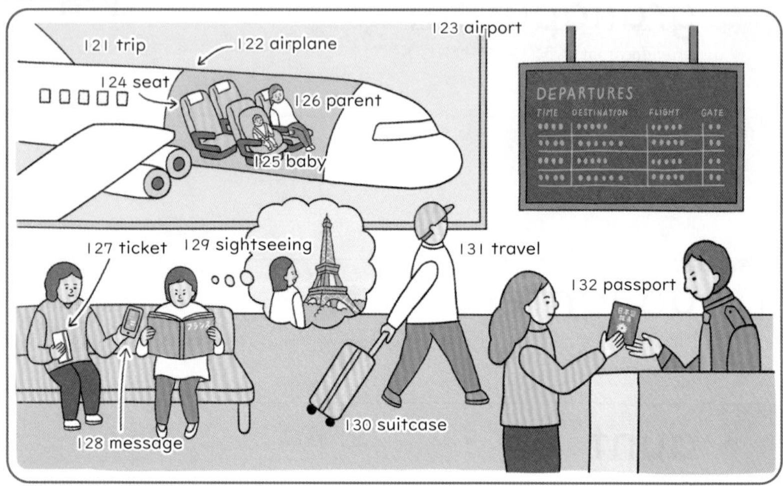

Step2 つづりと意味を見て，音声を聞こう。

121 **trip**
[trip] トゥ**リ**ップ

名 旅行

122 **airplane**
[éərplein] **エ**アプレイン

名 飛行機

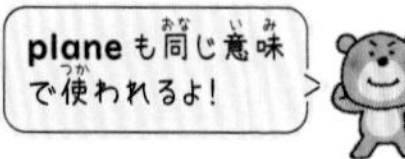

123 **airport**
[éərpɔːrt] **エ**アポート

名 空港，飛行場

124 **seat**
[siːt] **スィ**ート

名 座席

125 **baby**

[béibi] ベイビィ

名 赤ちゃん

126 **parent**

[péərənt] ペ(ア)レント

名 親，(parents で)両親

127 **ticket**

[tíkit] ティケト

名 切符，チケット

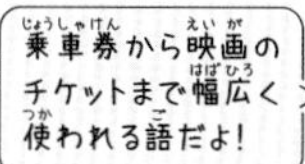

乗車券から映画の
チケットまで幅広く
使われる語だよ!

128 **message**

[mésidʒ] メセヂ

名 伝言，メッセージ

129 **sightseeing**

[sáitsiːiŋ] サイトゥスィーイング

名 観光

▶ sightseeing places 観光地

130 **suitcase**

[súːtkeis] スートゥケイス

名 スーツケース

131 **travel**

[trǽvəl] トゥラヴ(ェ)ル

名 旅行

動 ～を旅行する，旅行する

132 **passport**

[pǽspɔːrt] パスポート

名 パスポート

『5分間テストブック』を解いてみよう！ ➔ 別冊 p.14

12 休日①

Step1 絵を見て，チャンツに続けて発音しよう。

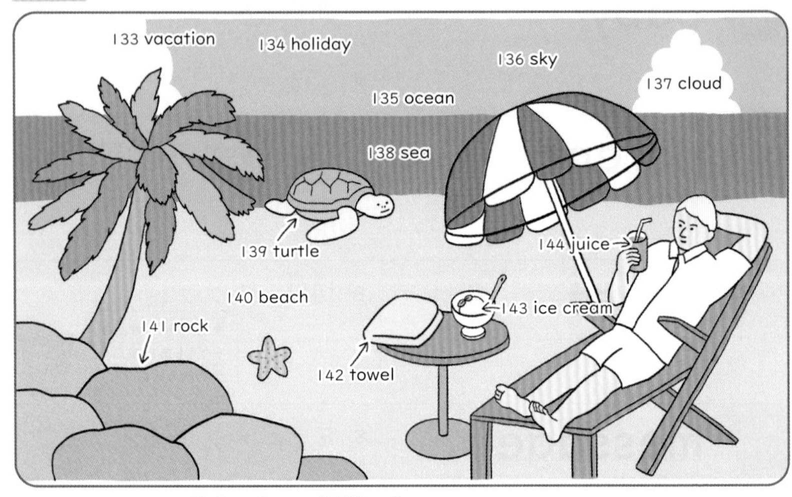

Step2 つづりと意味を見て，音声を聞こう。

133 **vacation**

[veikéiʃən] ヴェイケイション

▶ on vacation　休暇で

名 休暇，休み

summer vacation「夏休み」，winter vacation「冬休み」の形でよく出るよ！

134 **holiday**

[hɑ́lədei] ハリデイ

名 祝日，休暇

135 **ocean**

[óuʃən] オウシャン

名 (the ocean で)大洋，海

136 **sky**

[skai] スカイ

名 空

137 **cloud**
[klaud] クラウド
名 雲

138 **sea**
[siː] スィー
名 海

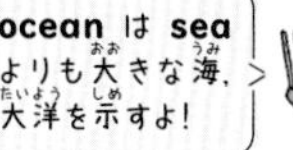

ocean は sea よりも大きな海，大洋を示すよ！

139 **turtle**
[tə́ːrtl] タートゥル
名 海ガメ

140 **beach**
[biːtʃ] ビーチ
名 浜，海辺

141 **rock**
[rɑk] ラック
名 岩，（音楽の）ロック

142 **towel**
[táuəl] タゥ（エ）ル
名 タオル

143 **ice cream**
[áis krìːm] アイス　クリーム
名 アイスクリーム

144 **juice**
[dʒuːs] ヂュース
名 ジュース

つづりに注意しよう！

『5分間テストブック』を解いてみよう！　➡ 別冊 p.15

13 休日②

Step1 絵を見て，チャンツに続けて発音しよう。

Step2 つづりと意味を見て，音声を聞こう。

□ 145 **picnic** [píknik] ピクニク

名 ピクニック，遠足

▶ go on a picnic　ピクニックに行く

□ 146 **lake** [leik] レイク

名 湖

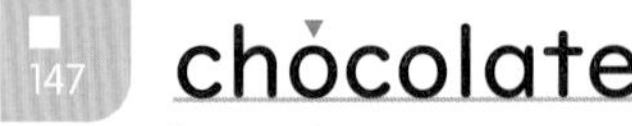

□ 147 **chocolate** [tʃákələt] チャコレト

名 チョコレート

□ 148 **candy** [kǽndi] キャンディ

名 キャンディ

149 **pizza** 発音
[pí:tsə] ピーツァ
名 ピザ

日本語の発音とのちがいに注意！

150 **fruit** 発音
[fru:t] フルート
名 果物

151 **strawberry**
[strɔ́:beri] ストゥローベリィ
名 イチゴ

152 **cherry**
[tʃéri] チェリィ
名 サクランボ

153 **snack**
[snæk] スナック
名 スナック，軽食

154 **cookie**
[kúki] クキィ
名 クッキー

155 **doughnut** 発音
[dóunʌt] ドウナト
名 ドーナツ

156 **sandwich**
[sǽn*d*witʃ] サン（ドゥ）ウィチ
名 サンドイッチ

『5分間テストブック』を解いてみよう！ ➡ 別冊 p.16

14 行事

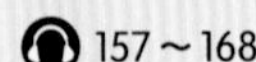

Step1 絵を見て，チャンツに続けて発音しよう。

166 wedding

167 Christmas

168 star

Step2 つづりと意味を見て，音声を聞こう。

party [pá:*r*ti] パーティ

名 パーティー

▶ have a party　パーティーをする

band [bænd] バンド

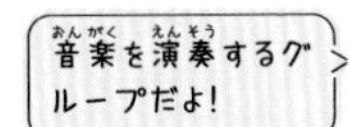

drum [drʌm] ドゥラム

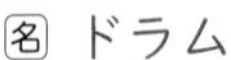

guitar [gitá:*r*] ギター

名 ギター

0 100 200 300 400 500 600 700

161 **sound**
[saund] サウンド

名 音
動 ～に聞こえる

162 **fun**
[fʌn] ファン

名 楽しみ

163 **dress**
[dres] ドゥレス

名 ドレス，服装

164 **birthday**
[bə́ːrθdei] バースデイ

名 誕生日

165 **present**
[préznt] プレズント

名 贈り物，プレゼント
動 ～を贈る

この語が出てきたら，だれがだれに贈るプレゼントなのかに注意しよう！

166 **wedding**
[wédiŋ] ウェディンㇰ

名 結婚式，結婚記念日

167 **Christmas**
[krísməs] クリスマス

名 クリスマス

168 **star**
[stɑːr] スター

名 星

『5分間テストブック』を解いてみよう！ ➡ 別冊 p.17

15 自然（しぜん）

Step1 絵（え）を見（み）て，チャンツに続（つづ）けて発音（はつおん）しよう。

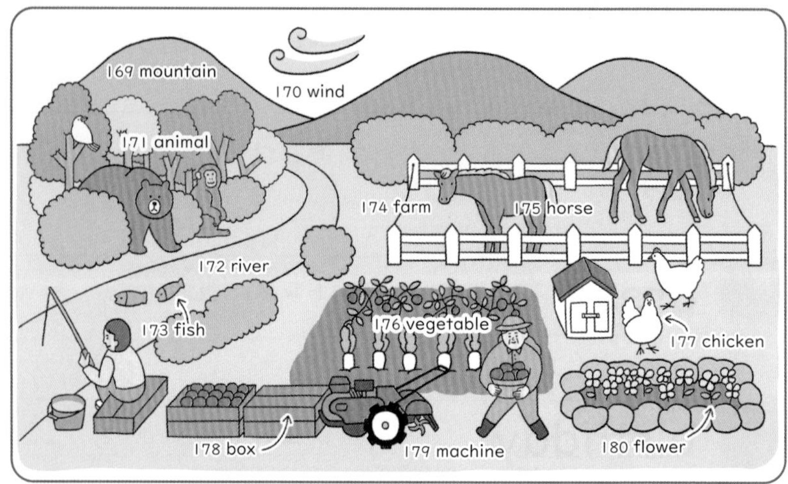

Step2 つづりと意味（いみ）を見（み）て，音声（おんせい）を聞（き）こう。

169 **mountain**
[máuntən] マウンテン

名 山（やま），（mountains で）山脈（さんみゃく）

ハイキングや遠足（えんそく）などの場面（ばめん）でよく使（つか）われるよ！

170 **wind**
[wind] ウィンド

名 風（かぜ）

171 **animal**
[ǽnəməl] アニマル

名 動物（どうぶつ）

172 **river**
[rívə*r*] リヴァ

名 川（かわ）

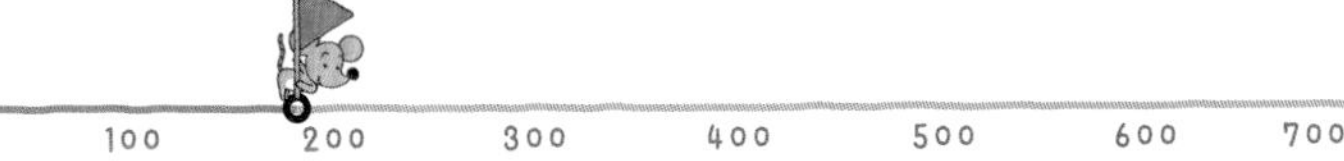

173 **fish**

[fiʃ] フィッシ

名 魚　動 釣りをする

複 fish

174 **farm**

[fɑːrm] ファーム

名 農場，農園

175 **horse**

[hɔːrs] ホース

名 馬

176 **vegetable**

[védʒətəbl] ヴェヂタブル

名 野菜

177 **chicken**

[tʃíkin] チキン

名 ニワトリ，トリ肉

「トリ肉」というときは数えられない名詞としてあつかうよ！

178 **box**

[bɑks] バックス

名 箱

179 **machine**

[məʃíːn] マシーン

名 機械

180 **flower**

[fláuər] フラウア

名 花

『5分間テストブック』を解いてみよう！　➡ 別冊 p.18

16 買い物

181〜192

Step1 絵を見て，チャンツに続けて発音しよう。

Step2 つづりと意味を見て，音声を聞こう。

181 **shopping** [ʃápiŋ] シャピング
名 買い物
▶ go shopping　買い物に行く

182 **clothes** 発音 [klouz] クロウズ
名 衣服
複数あつかいの語だよ！

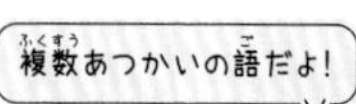

183 **coat** [kout] コウト
名 コート

184 **jacket** [dʒǽkit] ヂャケト
名 上着，ジャケット

0 100 200 300 400 500 600 700

185 **glove**

[glʌv] グラヴ

名 （ふつう gloves で）手袋(てぶくろ)，グローブ

2つで一組(ひとくみ)なので，ふつう複数形(ふくすうけい)で使(つか)われるよ！

186 **tie**

[tai] タイ

名 ネクタイ

187 **size**

[saiz] サイズ

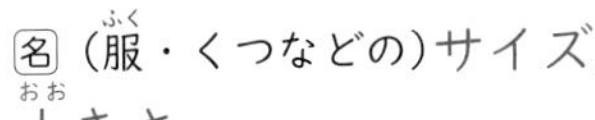

名 （服(ふく)・くつなどの）サイズ，大(おお)きさ

188 **shirt**

[ʃəːrt] シャート

名 ワイシャツ，シャツ

189 **sweater** 発音

[swétər] スウェタァ

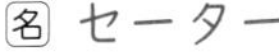

名 セーター

190 **shoe**

[ʃuː] シュー

名 （ふつう shoes で）くつ

191 **boot**

[buːt] ブート

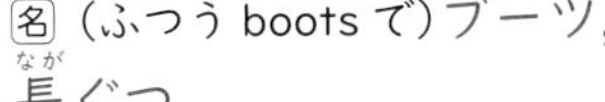

名 （ふつう boots で）ブーツ，長(なが)ぐつ

192 **sale**

[seil] セイル

名 セール，販売(はんばい)

『5分間(ふんかん)テストブック』を解(と)いてみよう！ ➡ 別冊(べっさつ) p.19

名詞

17 食べ物など①

Step1 絵を見て，チャンツに続けて発音しよう。

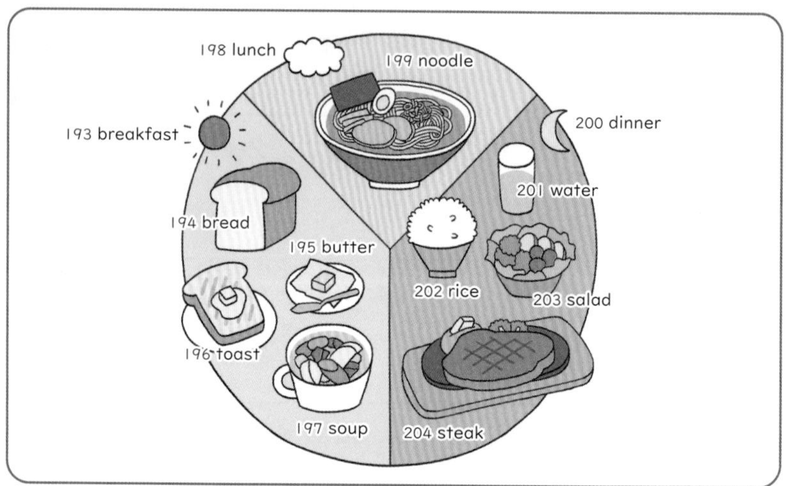

Step2 つづりと意味を見て，音声を聞こう。

breakfast

[brékfəst] ブレクファスト

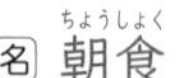

bread

[bred] ブレッド

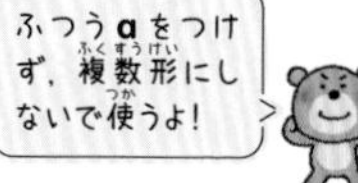

butter

[bʌ́tə*r*] バタァ

toast

[toust] トウスト

名 トースト

197 **soup**
[suːp] スープ
名 スープ

198 **lunch**
[lʌntʃ] ランチ
名 昼食

199 **noodle**
[núːdl] ヌードゥル
名 めん類，ヌードル

200 **dinner**
[dínər] ディナァ
名 夕食

201 **water**
[wɔ́ːtər] ウォータァ
名 水

202 **rice**
[rais] ライス
名 米，ごはん

203 **salad**
[sǽləd] サラド
名 サラダ

204 **steak** 発音
[steik] ステイク
名 ステーキ

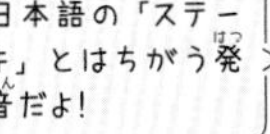

日本語の「ステーキ」とはちがう発音だよ！

『5分間テストブック』を解いてみよう！ ➔ 別冊 p.20

18 食べ物など②

Step1 絵を見て，チャンツに続けて発音しよう。

Step2 つづりと意味を見て，音声を聞こう。

205 **cafeteria**
[kæfətíəriə] キャフィティ(ア)リア

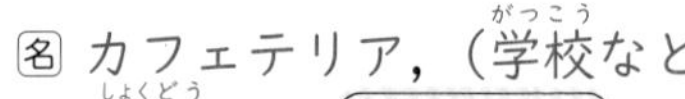
名 カフェテリア，(学校などの)食堂

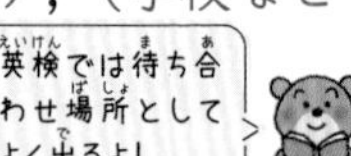

206 **menu**
[ménjuː] メニュー

名 メニュー

▶ on the menu　メニューにある

207 **food**
[fuːd] フード

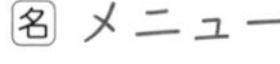
名 食べ物

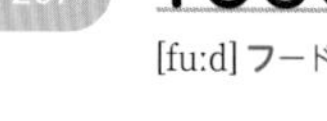

208 **pie**
[pai] パイ

名 パイ

209 **hamburger**

[hǽmbə:rgər] ハンバーガァ

名 ハンバーガー

210 **pancake**

[pǽnkeik] パンケイク

名 パンケーキ

211 **spaghetti**

[spəgéti] スパゲティ

名 スパゲッティ

212 **beef**

[bi:f] ビーフ

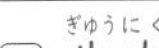
名 牛肉(ぎゅうにく)

213 **sausage**

[sɔ́:sidʒ] ソーセヂ

名 ソーセージ

日本語(にほんご)の「ソーセージ」とはちがう発音(はつおん)だよ!

214 **cheese**

[tʃi:z] チーズ

名 チーズ

215 **coffee**

[kɔ́:fi] コーフィ

名 コーヒー

216 **dessert**

[dizə́:rt] ディザート

名 デザート

『5分間(ふんかん)テストブック』を解(と)いてみよう! ➡ 別冊(べっさつ) p.21

19 学校①

Step1 絵を見て，チャンツに続けて発音しよう。

Step2 つづりと意味を見て，音声を聞こう。

217 **classroom**
[klǽsruːm] クラスルーム

名 教室

218 **question**
[kwéstʃən] クウェスチョン

名 質問，問題

219 **window**
[wíndou] ウィンドウ

名 窓

220 **blackboard**
[blǽkbɔːrd] ブラクボード

名 黒板

black「黒い」＋ board「板」＝blackboard「黒板」。おぼえやすいね！

0 100 200 300 400 500 600 700

221 **date**
[deit] デイト
名 日付，デート

222 **name**
[neim] ネイム
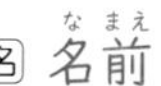
名 名前

223 **uniform**
[jú:nəfɔ:rm] ユーニフォーム
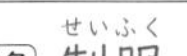
名 制服，ユニフォーム

224 **speech**
[spi:tʃ] スピーチ
名 スピーチ，話すこと

225 **group**
[gru:p] グループ
名 集団，グループ

226 **student**
[stjú:dnt] ステューデント
名 生徒，学生

227 **classmate**
[klǽsmeit] クラスメイト
名 クラスメート，同級生

228 **report**
[ripɔ́:rt] リポート
名 報告(書)，レポート

英語ではレポートではなく「リポート」のように発音するよ！

名詞

『5分間テストブック』を解いてみよう！ ➡ 別冊 p.22

20 学校②

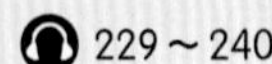

Step1 絵を見て，チャンツに続けて発音しよう。

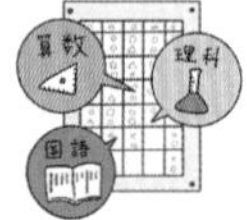

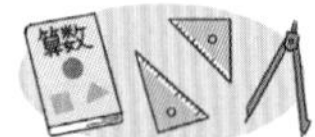

237 subject　238 math　239 history　240 music

Step2 つづりと意味を見て，音声を聞こう。

hall
[hɔːl] ホール

名 ホール，ろう下

test
[test] テスト

名 テスト，試験

science
[sáiəns] サイエンス

名 理科，科学

floor
[flɔːr] フロー(ア)

名 床，～階

▶ on the second floor　2階で

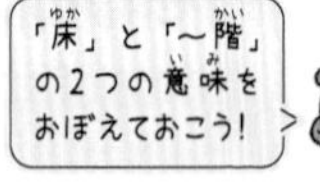

「床」と「～階」
の2つの意味を
おぼえておこう！

0 100 200 300 400 500 600 700

233 **lunchtime**
[lʌ́ntʃtaim] ランチタイム

名 昼食(ちゅうしょく)時間(じかん)，ランチタイム

234 **library**
[láibreri] ライブレリィ

名 図書館(としょかん)

235 **gym**
[dʒim] ヂム

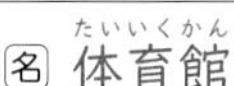

名 体育館(たいいくかん)

236 **pool**
[pu:l] プール

名 プール

swimming pool
ともいうよ!

237 **subject**
[sʌ́bdʒikt] サブヂェクト

名 教科(きょうか)，話題(わだい)

238 **math** 発音
[mæθ] マス

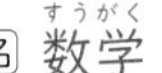

名 数学(すうがく)

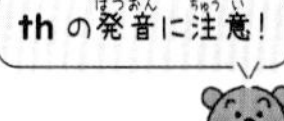
th の発音(はつおん)に注意(ちゅうい)!

239 **history**
[hístəri] ヒスト(ゥ)リィ

名 歴史(れきし)

240 **music**
[mjú:zik] ミューズィク

名 音楽(おんがく)

名詞

『5分間(ふんかん)テストブック』を解(と)いてみよう！ ➡ 別冊(べっさつ) p.23

21 学校③

241～252

Step1 絵を見て，チャンツに続けて発音しよう。

241 sport　242 soccer　243 baseball　244 basketball

1

245 volleyball　246 badminton　247 golf　248 art

249 tennis　250 team　251 club　252 meeting

Step2 つづりと意味を見て，音声を聞こう。

241 **sport**　名 スポーツ

[spɔ:rt] スポート

▶ play sports　スポーツをする

242 **soccer**　名 サッカー

[sákər] サカァ

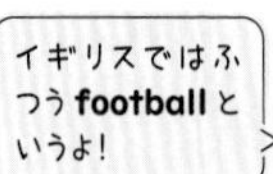
イギリスではふつう **football** というよ！

243 **baseball**　名 野球

[béisbɔ:l] ベイスボール

244 **basketball**　名 バスケットボール

[bǽskitbɔ:l] バスケトゥボール

245 **volleyball**

[válibɔ:l] ヴァリボール

名 バレーボール

246 **badminton**

[bǽdmintn] バドゥミントゥン

名 バドミントン

247 **golf**

[gɑlf] ガルフ

名 ゴルフ

248 **art**

[ɑ:rt] アート

名 美術，芸術

249 **tennis**

[ténis] テニス

名 テニス

250 **team**

[ti:m] ティーム

名 チーム

▶ on the baseball team　野球チームで

I'm on the ～ team. と所属するチームを紹介する文がよく出るよ。

251 **club**

[klʌb] クラブ

名 クラブ，部

▶ in the music club　音楽クラブで

252 **meeting**

[mí:tiŋ] ミーティング

名 会，会議

『5分間テストブック』を解いてみよう！　➡ 別冊 p.24

253〜264

Step1 絵を見て，チャンツに続けて発音しよう。

253 class

254 lesson

255 course

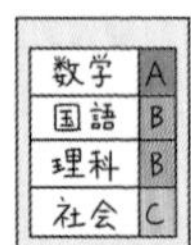

256 grade

257 practice

258 match

259 player

260 member

261 number

262 prize

263 contest

264 goal

Step2 つづりと意味を見て，音声を聞こう。

253 **class**

[klæs] クラス

名 クラス，授業

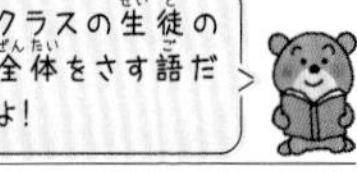

254 **lesson**

[lésn] レスン

名 授業，レッスン

255 **course**

[kɔːrs] コース

名 進路，科目

256 **grade**

[greid] グレイド

名 成績，学年

▶ get a good grade　いい成績をとる

0 100 200 300 400 500 600 700

257 **practice**
[prǽktis] プラクティス

名 練習(れんしゅう) 動 ～を練習(れんしゅう)する，練習(れんしゅう)する

名詞

258 **match**
[mætʃ] マッチ

名 試合(しあい)，競争相手(きょうそうあいて)

259 **player**
[pléiər] プレイア

名 選手(せんしゅ)，演奏家(えんそうか)

260 **member**
[mémbər] メンバァ

名 一員(いちいん)，会員(かいいん)

▶ a member of this club　このクラブの一員(いちいん)

261 **number**
[nʌ́mbər] ナンバァ

名 数(かず)，番号(ばんごう)

262 **prize**
[praiz] プライズ

名 賞(しょう)，賞品(しょうひん)

263 **contest**
[kántest] カンテスト

名 競技会(きょうぎかい)，コンテスト

264 **goal**
[goul] ゴウル

名 ゴール，得点(とくてん)

『5分間(ふんかん)テストブック』を解(と)いてみよう！ ➡ 別冊(べっさつ) p.25

23 趣味・娯楽

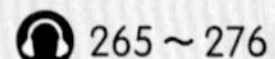

Step1 絵を見て，チャンツに続けて発音しよう。

265 hobby

266 jogging

267 movie

268 comedy

269 hiking

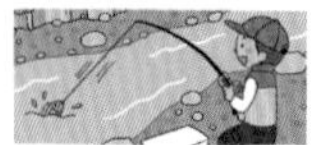
270 fishing

271 festival

272 concert

273 musical

274 book

275 game

276 race

Step2 つづりと意味を見て，音声を聞こう。

265 **hobby**
[hábi] ハビィ

名 趣味

266 **jogging**
[dʒágiŋ] ヂャギング

名 ジョギング

go jogging「ジョギングしに行く」の形でよく出るよ。

267 **movie**
[múːvi] ムーヴィ

名 映画

268 **comedy**
[kámədi] カメディ

名 喜劇，コメディー

0 100 200 300 400 500 600 700

名詞

269 **hiking**
[háikiŋ] ハイキング
名 ハイキング
▶ go hiking　ハイキングに行く

270 **fishing**
[fíʃiŋ] フィシング
名 魚釣り

271 **festival**
[féstəvəl] フェスティヴァル
名 祭り，～祭

sports festival「体育祭」，school festival「文化祭」の形でよく出るよ。

272 **concert**
[kánsəːrt] カンサート
名 音楽会，コンサート

273 **musical**
[mjúːzikəl] ミューズィカル
名 ミュージカル　形 音楽の

274 **book**
[buk] ブック
名 本

275 **game**
[geim] ゲイム
名 ゲーム，試合
▶ play a computer game　コンピューターゲームをする

276 **race**
[reis] レイス
名 レース，競走
動 競走する

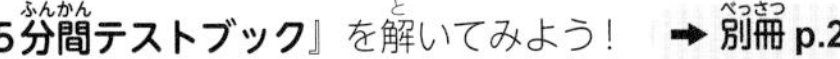

『5分間テストブック』を解いてみよう！　➡ 別冊 p.26

24 世界①

Step1 絵を見て，チャンツに続けて発音しよう。

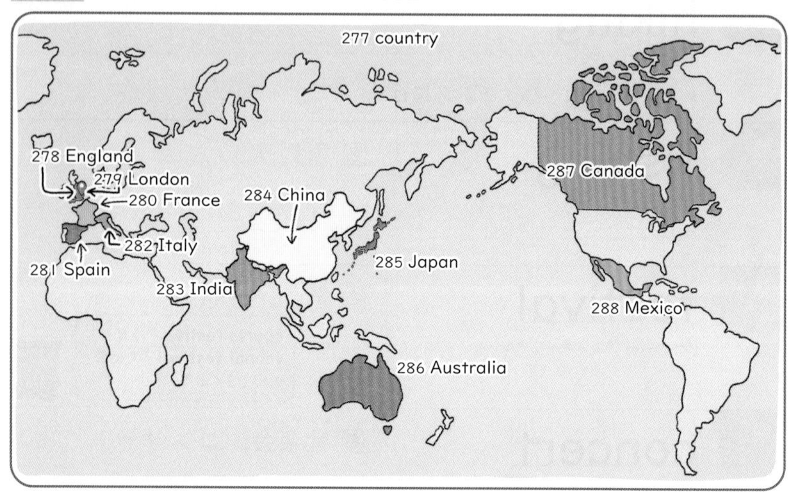

Step2 つづりと意味を見て，音声を聞こう。

□ 277

[kʌ́ntri] カントゥリィ

名 国，（the をつけて）いなか

□ 278

[íŋɡlənd] イングランド

名 イングランド

□ 279

[lʌ́ndən] ランドン

名 ロンドン

□ 280

France

[fræns] フランス

名 フランス

281 **Spain** [spein] スペイン — 名 スペイン

282 **Italy** [ítəli] イタリィ — 名 イタリア

283 **India** [índiə] インディア — 名 インド

284 **China** [tʃáinə] チャイナ — 名 中国(ちゅうごく)

285 **Japan** [dʒəpǽn] ヂャパン — 名 日本(にほん)

286 **Australia** [ɔ:stréiljə] オーストゥレイリャ — 名 オーストラリア

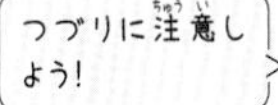

287 **Canada** [kǽnədə] キャナダ — 名 カナダ

288 **Mexico** [méksikou] メクスィコウ — 名 メキシコ

『5分間(ふんかん)テストブック』を解(と)いてみよう! ➡ 別冊(べっさつ) p.27

25 世界②

Step1 絵を見て，チャンツに続けて発音しよう。

289 Hawaii

290 Africa

291 America / 292 New York

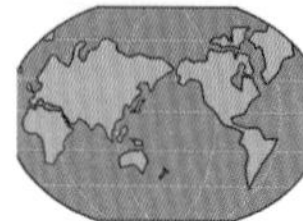
293 world

294 city

295 Chinese

296 French

297 Italian

298 Japanese

299 English

300 language

Step2 つづりと意味を見て，音声を聞こう。

289 **Hawaii**
[həwáːiː] ハワーイー
名 ハワイ州，ハワイ島

290 **Africa**
[ǽfrikə] アフリカ
名 アフリカ

291 **America**
[əmérikə] アメリカ
名 アメリカ(合衆国)

292 **New York**
[njùː jɔ́ːrk] ニューヨーク
名 ニューヨーク

New York はアメリカ最大の都市だよ！

300語まで
できたよ

0 100 200 300 400 500 600 700

293 **world**

[wəːrld] ワールド

名 世界，世の中

294 **city**

[síti] スィティ

名 都市，市

295 **Chinese**

[tʃainíːz] チャイニーズ

名 中国語，中国人

形 中国の，中国語[人]の

296 **French**

[frentʃ] フレンチ

名 フランス語，フランス人

形 フランスの，フランス語[人]の

297 **Italian**

[itǽljən] イタリャン

名 イタリア語，イタリア人

形 イタリアの，イタリア語[人]の

298 **Japanese**

[dʒæpəníːz] ヂャパニーズ

名 日本語，日本人

形 日本の，日本語[人]の

299 **English**

[íŋgliʃ] イングリシ

名 英語　形 英語の

300 **language** 発音

[lǽŋgwidʒ] ラングウィヂ

名 言語，言葉

発音に注意して
おぼえよう！

『5分間テストブック』を解いてみよう！ ➡ 別冊 p.28

26 時間(じかん)

Step1 絵(え)を見(み)て，チャンツに続(つづ)けて発音(はつおん)しよう。

301 tonight

302 tomorrow

303 today

304 yesterday

305 now

306 morning

307 afternoon

308 night

309 year

310 month

311 week

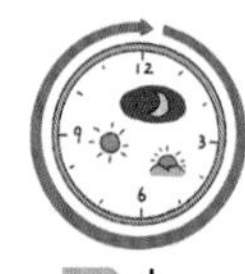
312 day

Step2 つづりと意味(いみ)を見(み)て，音声(おんせい)を聞(き)こう。

301 **tonight** 

[tənáit] トゥナイト

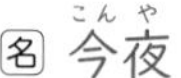

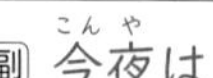

302 **tomorrow**

[təmɔ́:rou] トゥモーロウ

名 明日(あす)　副 明日(あす)は

303 **today**

[tədéi] トゥデイ

名 今日(きょう)　副 今日(きょう)は

304 **yesterday**

[jéstərdèi] イェスタデイ

名 昨日(きのう)　副 昨日(きのう)は

305 **now**
[nau] ナウ

名 今　副 今，現在は

306 **morning**
[mɔ́:rniŋ] モーニング

名 朝，午前

307 **afternoon**
[æftərnú:n] アフタヌーン

名 午後

308 **night** 発音
[nait] ナイト

名 夜

309 **year**
[jiər] イア

名 年，～歳

310 **month**
[mʌnθ] マンス

名 （年月の）月

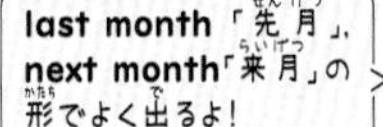
last month「先月」，
next month「来月」の
形でよく出るよ！

311 **week**
[wi:k] ウィーク

名 週

312 **day**
[dei] デイ

名 日，1日

『5分間テストブック』を解いてみよう！ ➡ 別冊 p.29

27 単位・天候・季節

Step1 絵を見て，チャンツに続けて発音しよう。

313 dollar

314 yen

315 hour

316 minute

317 rain

318 snow

319 weather

320 spring

321 summer

322 autumn

323 winter

324 season

Step2 つづりと意味を見て，音声を聞こう。

313 **dollar**
[dɑ́lər] ダラァ

名 ドル

314 **yen** 発音
[jen] イエン

名 円

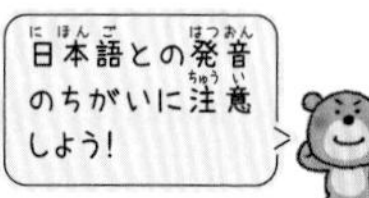

日本語との発音のちがいに注意しよう!

315 **hour**
[áuər] アウア

名 1時間

316 **minute**
[mínit] ミニト

名 (時間を表して)分

0 100 200 300 400 500 600 700

317 **rain**
[rein] レイン

名 雨（あめ）　動 雨（あめ）が降（ふ）る

318 **snow**
[snou] スノウ

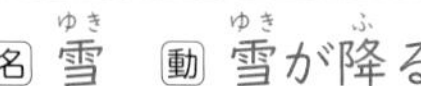
名 雪（ゆき）　動 雪（ゆき）が降（ふ）る

319 **weather**
[wéðər] ウェザァ

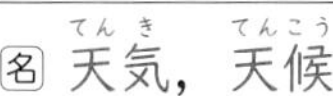
名 天気（てんき），天候（てんこう）

320 **spring**
[spriŋ] スプリング

名 春（はる）

321 **summer**
[sʌ́mər] サマァ

名 夏（なつ）

322 **autumn**
[ɔ́:təm] オータム

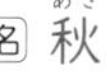
名 秋（あき）

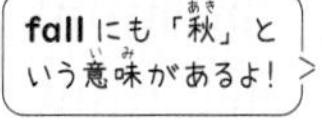

323 **winter**
[wíntər] ウィンタァ

名 冬（ふゆ）

324 **season**
[si:zn] スィーズン

名 季節（きせつ）

『5分間（ふんかん）テストブック』を解（と）いてみよう！ ➡ 別冊（べっさつ） p.30

名詞

28 その他①

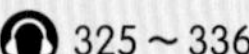
325～336

Step1 絵を見て，チャンツに続けて発音しよう。

325 program

326 word

327 idea

328 project

329 plan

330 example

331 copy

332 story

333 problem

334 thing

335 part

336 kind

Step2 つづりと意味を見て，音声を聞こう。

325 **program**

[próugræm] プロウグラム

名 番組，計画

▶ a TV program　テレビ番組

326 **word**

[wəːrd] ワード

名 語，単語

327 **idea**

[aidíːə] アイディーア

名 考え，アイデア

328 **project**

[prádʒekt] プラヂェクト

名 計画，事業

329 **plan**
[plæn] プラン
名 計画
動 ～を計画する，計画する

330 **example**
[igzǽmpl] イグザンプル
名 例
▶ Show me an example. 1つの例を示してください。

331 **copy**
[kάpi] カピィ
名 コピー，(本などの)部
動 コピーする

332 **story**
[stɔ́:ri] ストーリィ
名 物語，話

333 **problem**
[prάbləm] プラブレム
名 問題

334 **thing**
[θiŋ] スィング
名 物，こと

335 **part**
[pɑ:rt] パート
名 部分，役割

336 **kind**
[kaind] カインド
名 種類 形 親切な

『5分間テストブック』を解いてみよう！ ➡ 別冊 p.31

29 その他② ・代名詞

Step1 絵を見て，チャンツに続けて発音しよう。

337 attention

338 fever

339 headache

340 eye

341 hair

342 one

343 another

344 anything

345 something

346 everything

347 everyone

348 anyone

Step2 つづりと意味を見て，音声を聞こう。

attention — 名 注意

[ətén∫ən] アテンション

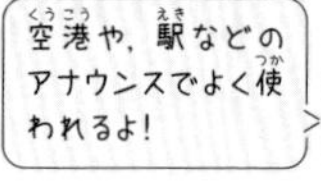

fever — 名 熱

[fíːvə*r*] フィーヴァ

headache — 名 頭痛

[hédeik] ヘデイク

eye — 名 目

[ai] アイ

0 100 200 300 400 500 600 700

341 **hair**
[heər] ヘア

名 髪の毛，毛

342 **one**
[wʌn] ワン

代 (前に出た数えられる名詞を指して)もの，1つ 名 1 形 1つの

343 **another**
[ənʌ́ðər] アナザァ

代 もう1つ，別のもの[人]
形 もう1つ[1人]の，別の

344 **anything**
[éniθiŋ] エニスィング

代 (疑問文で)何か，(否定文で)何も

肯定文では，「何でも」という意味になるよ！

345 **something**
[sʌ́mθiŋ] サムスィング

代 (肯定文で)何か，あるもの

346 **everything**
[évriθiŋ] エヴリスィング

代 何もかも，すべてのもの

347 **everyone**
[évriwʌn] エヴリワン

代 だれでも，みんな

everybody も同じ意味を表すよ！

348 **anyone**
[éniwʌn] エニワン

代 (疑問文で)だれか，(否定文で)だれも

肯定文では，「だれでも」という意味になるよ！

『5分間テストブック』を解いてみよう！ ➡ 別冊 p.32

30 動詞①

Step1 絵を見て，チャンツに続けて発音しよう。

349 love　350 hope　351 think　352 want

353 like　354 need　355 know　356 feel

357 understand　358 remember　359 excuse　360 miss

Step2 つづりと意味を見て，音声を聞こう。

349 **love**
[lʌv] ラヴ

動 ～を愛する，～が大好きである　名 愛

▶ love each other　おたがいを愛する

350 **hope**
[houp] ホウプ

動 ～だといいと思う，～を望む

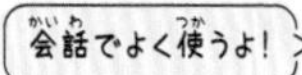

▶ I hope so.　そうだといいと思う。

351 **think**
[θiŋk] スィンク

動 ～と思う，～と考える
過 thought ソート

▶ What do you think?　どう思いますか。

352 **want**
[want] ワント

動 (want to ～で)～したい，～がほしい

▶ want to eat　食べたい

0 100 200 300 400 500 600 700

353 **like** 動 ～が好きである，～を好む
[laik] ライク
▶ like meat　肉が好きである

354 **need** 動 ～を必要とする
[ni:d] ニード
▶ need your help　あなたの助けを必要とする

355 **know** 発音 動 ～を知っている，知っている
過 knew ニュー
[nou] ノウ
▶ know him well　彼のことをよく知っている

356 **feel** 動 ～を感じる，感じる
過 felt フェルト
[fi:l] フィール
▶ feel sad　悲しいと感じる

357 **understand** 動 ～を理解する，理解する
過 understood アンダストゥッド
[ʌndərstǽnd] アンダスタンド
▶ understand the reason　理由を理解する

358 **remember** 動 ～をおぼえている，(remember to ～で)忘れずに～する
[rimémbər] リメンバァ
▶ remember his name　彼の名前をおぼえている

359 **excuse** 動 ～を許す
[ikskjú:z] イクスキューズ
▶ Excuse me.　すみません。

買い物や道案内で相手に話しかけるときによく使うよ！

360 **miss** 動 ～をのがす，～がいなくてさびしく思う
[mis] ミス
▶ miss a bus　バスをのがす

動詞

『5分間テストブック』を解いてみよう！ ➡ 別冊 p.33

31 動詞②

Step1 絵を見て，チャンツに続けて発音しよう。

361 drink　362 cook　363 order　364 eat

365 bake　366 make　367 swim　368 dance

369 run　370 ski　371 skate　372 walk

Step2 つづりと意味を見て，音声を聞こう。

□ 361 **drink**

[driŋk] ドゥリンク

動 ～を飲む，飲む　名 飲み物

過 drank ドゥランク

▶ drink tea　紅茶を飲む

□ 362 **cook**

[kuk] クック

動 ～を料理する，料理する

名 料理をする人，コック

▶ cook dinner　夕食を料理する

□ 363 **order**

[ɔ́:rdər] オーダァ

動 ～を注文する　名 注文

▶ order a pizza　ピザを注文する

□ 364 **eat**

[i:t] イート

動 ～を食べる，食べる

過 ate エイト

▶ eat ice cream　アイスクリームを食べる

eat dinner「夕食を食べる」のようにも使うよ！

0 100 200 300 400 500 600 700

□ 365 bake

[beik] ベイク

動 (オーブンなどで)～を焼く

▶ bake bread　パンを焼く

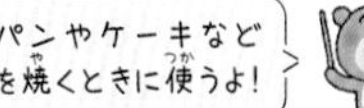

パンやケーキなどを焼くときに使うよ!

□ 366 make

[meik] メイク

動 ～を作る

過 made メイド

▶ make cakes　ケーキを作る

□ 367 swim

[swim] スウィム

動 泳ぐ　名 泳ぐこと，水泳

過 swam スワム

▶ swim in the river　川で泳ぐ

□ 368 dance

[dæns] ダンス

動 踊る　名 ダンス

▶ can dance well　うまく踊ることができる

□ 369 run

[rʌn] ラン

動 走る

過 ran ラン

▶ can run very fast　とても速く走ることができる

□ 370 ski

[skiː] スキー

動 スキーをする

▶ Can you ski?　あなたはスキーをすることができますか。

□ 371 skate

[skeit] スケイト

動 スケートをする

▶ skate on the ice　氷の上でスケートをする

□ 372 walk

[wɔːk] ウォーク

動 歩く　名 散歩

▶ walk in the park　公園の中を歩く

『5分間テストブック』を解いてみよう！　➡ 別冊 p.34

32 動詞③

Step1 絵を見て，チャンツに続けて発音しよう。

373 climb

374 move

375 study

376 read

377 learn

378 teach

379 work

380 paint

381 draw

382 help

383 clean

384 wash

Step2 つづりと意味を見て，音声を聞こう。

□ 373
climb

[klaim] クライム

動 ～を登る

▶ climb a mountain　山を登る

□ 374
move
[mu:v] ムーヴ

動 引っ越す，～を動かす

▶ move to France　フランスへ引っ越す

□ 375
study
[stʌ́di] スタディ

動 勉強する，～を勉強する

▶ study hard　一生懸命勉強する

□ 376
read
[ri:d] リード

動 ～を読む，読む

過 read レッド

▶ read a book　本を読む

過去形は原形とつづりが同じだけど，発音がちがうね！

0 100 200 300 400 500 600 700

377 **learn**

[ləːrn] ラーン

動 ～を学ぶ，学ぶ

▶ learn English 英語を学ぶ

378 **teach**

[tiːtʃ] ティーチ

動 ～を教える，教える

過 taught トート

▶ teach math 数学を教える

379 **work**

[wəːrk] ワーク

動 働く 名 仕事

「作品」という意味もあるよ！

▶ work in an office オフィスで働く

380 **paint**

[peint] ペイント

動 (絵の具で)～をかく，～にペンキをぬる

▶ paint a picture 絵をかく

381 **draw**

[drɔː] ドゥロー

動 (線など)を引く，(絵や図)をかく 過 drew ドゥルー

▶ draw lines 線を引く

382 **help**

[help] ヘルプ

動 ～を助ける，～を手伝う

名 助け

▶ help my uncle おじを助ける

383 **clean**

[kliːn] クリーン

動 ～をそうじする，そうじする

形 きれいな，清潔な

▶ clean the floor 床をそうじする

384 **wash**

[wɑʃ] ワッシ

動 ～を洗う，洗う

▶ wash the dishes 皿を洗う

『5分間テストブック』を解いてみよう！ ➡ 別冊 p.35

33 動詞④

385〜396

Step1 絵を見て，チャンツに続けて発音しよう。

385 look　386 watch　387 see　388 show

389 meet　390 listen　391 hear　392 say

393 speak　394 tell　395 talk　396 write

Step2 つづりと意味を見て，音声を聞こう。

385 **look**

[luk] ルック

動 (注意して)見る

▶ look at that flower　あの花を見る

「～を見る」というときは **at** を忘れずに！

386 **watch**

[watʃ] ワッチ

動 ～を(じっと)見る
名 腕時計

▶ watch TV　テレビを見る

387 **see**

[si:] スィー

動 ～に会う，わかる
過 saw ソー

▶ see my friend　友人に会う

388 **show**

[ʃou] ショウ

動 ～を見せる
名 展示会，ショー

▶ show a picture　写真を見せる

0 100 200 300 400 500 600 700

389 **meet**
[mi:t] ミート
動 ～に会う，会う
過 met メット
▶ meet Tom at five o'clock　トムに5時に会う

390 **listen**
[lísn] リスン
動 (注意して)聞く
▶ listen to music　音楽を聞く

391 **hear**
[hiər] ヒア
動 聞く，～を聞く
過 heard ハード
▶ hear about Mr. Smith　スミスさんについて聞く

392 **say**
[sei] セイ
動 ～を言う，言う
過 said セッド
▶ What did you say to Peter?　ピーターに何を言いましたか。

393 **speak**
[spi:k] スピーク
動 ～を話す，話す
過 spoke スポウク
▶ speak English　英語を話す

394 **tell**
[tel] テル
動 ～に…を言う，～に…を話す
過 told トウルド
▶ tell him my name　彼に私の名前を言う

395 **talk**
[tɔ:k] トーク
動 話す
▶ talk to Mr. White　ホワイトさんと話す

396 **write** 発音
[rait] ライト
動 ～を書く，書く
過 wrote ロウト
▶ write your name here　ここにあなたの名前を書く

動詞

『5分間テストブック』を解いてみよう！ ➡ 別冊 p.36

34 動詞⑤

397〜408

Step1 絵を見て，チャンツに続けて発音しよう。

397 start

398 begin

399 finish

400 stop

401 go

402 come

403 sit

404 stand

405 buy

406 sell

407 answer

408 ask

Step2 つづりと意味を見て，音声を聞こう。

---

397 **start**

[stɑːrt] スタート

動 ～を始める，始まる

▶ start the work　仕事を始める

---

398 **begin**

[bigín] ビギン

動 ～を始める，始まる

過 began ビギャン

▶ begin the game　試合を始める

---

399 **finish**

[fíniʃ] フィニシ

動 ～を終える，終わる

▶ finish dinner　夕食を終える

finish eating dinner で「夕食を食べ終わる」という意味だよ！

---

400 **stop**

[stɑp] スタップ

動 ～をやめる，止まる

名 停留所

▶ stop watching TV　テレビを見るのをやめる

0 100 200 300 400 500 600 700

400語までできたよ

401 **go** [gou] ゴウ

動 行く
過 went ウェント

▶ go to school 学校に行く

402 **come** [kʌm] カム

動 来る，(話し手のほうへ)行く
過 came ケイム

▶ come to my house 私の家に来る

話し手のところへ行くときはgoではなく，comeだよ！

403 **sit** [sit] スィット

動 すわる，すわっている
過 sat サット

▶ sit on the chair いすにすわる

404 **stand** [stænd] スタンド

動 立つ，立っている
過 stood ストゥッド

▶ stand by the tree 木のそばに立つ

405 **buy** [bai] バイ

動 ～を買う
過 bought ボート

▶ buy a hat 帽子を買う

406 **sell** [sel] セル

動 ～を売る
過 sold ソウルド

▶ sell flowers 花を売る

407 **answer** [ǽnsər] アンサァ

動 (電話など)に応じる，(質問など)に答える 名 答え

▶ answer the phone 電話に応じる

408 **ask** [æsk] アスク

動 ～にたずねる，～に頼む

▶ ask my teacher 先生にたずねる

『5分間テストブック』を解いてみよう！ ➡ 別冊 p.37

動詞

35 動詞⑥

Step1 絵を見て，チャンツに続けて発音しよう。

409 find　410 lose　411 win　412 arrive

413 leave　414 give　415 get　416 take

417 put　418 bring　419 drive　420 ride

Step2 つづりと意味を見て，音声を聞こう。

□ 409 **find**
[faind] ファインド
動 ～を見つける
過 found ファウンド
▶ find the key　かぎを見つける

□ 410 **lose** 発音
[lu:z] ルーズ
動 ～をなくす，～に負ける
過 lost ロ(ー)スト
▶ lose my ticket　チケットをなくす

□ 411 **win**
[win] ウィン
動 ～に勝つ，勝つ
過 won ワン
▶ win the game　試合に勝つ

□ 412 **arrive**
[əráiv] アライヴ
動 着く，到着する
▶ arrive at the station　駅に着く

「～に着く」は **arrive at[in]** ～だよ。**at[in]** を忘れずに!

413 **leave** 発音

[li:v] リーヴ

動 〜を出発する，〜を置き忘れる 過 left レフト

▶ leave home 家を出発する

414 **give**

[giv] ギヴ

動 〜に…をあげる[与える] 過 gave ゲイヴ

▶ give him a watch 彼に時計をあげる

415 **get**

[get] ゲット

動 〜を手に入れる 過 got ガット

▶ get a lot of money 大金を手に入れる

416 **take**

[teik] テイク

動 (乗り物)に乗る，〜を連れていく，〜を取る 過 took トゥック

▶ take a bus バスに乗る

417 **put**

[put] プット

動 〜を置く 過 put プット

▶ put a book on the desk 机の上に本を置く

418 **bring**

[briŋ] ブリング

動 〜を持ってくる 過 brought ブロート

▶ bring his dish 彼の皿を持ってくる

419 **drive**

[draiv] ドゥライヴ

動 (自動車など)を運転する 名 ドライブ 過 drove ドゥロウヴ

▶ drive a car 車を運転する

420 **ride**

[raid] ライド

動 〜に乗る，乗る 名 乗ること 過 rode ロウド

▶ ride a bicycle 自転車に乗る

『5分間テストブック』を解いてみよう！ ➡ 別冊 p.38

36 動詞⑦

Step1 絵を見て，チャンツに続けて発音しよう。

421 visit

422 call

423 wear

424 sleep

425 live

426 break

427 fall

428 drop

429 choose

430 happen

431 check

432 turn

Step2 つづりと意味を見て，音声を聞こう。

421 **visit**

[vízit] ヴィズィト

動 ～を訪ねる，～を訪れる
名 訪問

▶ visit my grandparents　祖父母を訪ねる

422 **call**

[kɔ:l] コール

動 ～に電話する，～を呼ぶ
名 電話をかけること

▶ call you again　あなたにまた電話する

423 **wear**

[weər] ウェア

動 ～を着ている，～を身につけている　過 wore ウォー(ァ)

▶ wear the uniform　制服を着ている

「～を着る」という動作は put on を使うよ！

424 **sleep**

[sli:p] スリープ

動 眠る　名 睡眠
過 slept スレプト

▶ sleep well　よく眠る

425 **live** [liv] リヴ

動 住む，生きる

▶ live in Canada　カナダに住む

426 **break** 発音 [breik] ブレイク

動 ～をこわす，～を折る
名 休憩　過 broke ブロウク

▶ break a glass　コップを割る

427 **fall** [fɔːl] フォール

動 落ちる，転ぶ　名 秋
過 fell フェル

▶ Leaves fall in autumn.　秋には葉が落ちます。

428 **drop** [drɑp] ドゥラップ

動 ～を落とす，落ちる

▶ drop a spoon　スプーンを落とす

429 **choose** [tʃuːz] チューズ

動 ～を選ぶ，～を選択する
過 chose チョウズ

▶ choose the best answer　最適な答えを選ぶ

430 **happen** [hǽpən] ハプン

動 (偶然)起こる

▶ What happened?　何が起きましたか。

431 **check** [tʃek] チェック

動 ～をチェックする
名 チェック，点検

▶ check my school bag　学校のかばんをチェックする

432 **turn** 発音 [təːrn] ターン

動 曲がる，～をまわす
名 回転，順番

▶ turn left　左に曲がる

『5分間テストブック』を解いてみよう！ ➡ 別冊 p.39

37 動詞⑧

433～444

Step1 絵を見て，チャンツに続けて発音しよう。

433 stay　434 become　435 enjoy　436 forget

437 change　438 send　439 use　440 sing

441 wait　442 worry　443 catch　444 join

Step2 つづりと意味を見て，音声を聞こう。

□ 433 **stay**
[stei] ステイ
動 滞在する，とどまる
名 滞在
▶ stay at a hotel　ホテルに滞在する

□ 434 **become**
[bikʌ́m] ビカム
動 ～になる
過 became ビケイム
▶ become a pilot　パイロットになる

□ 435 **enjoy**
[indʒɔ́i] エンヂョイ
動 ～を楽しむ
▶ enjoy fishing　釣りを楽しむ

enjoy に動詞を続けるときは～**ing** の形になるよ！

□ 436 **forget**
[fərɡét] フォゲット
動 ～を忘れる，忘れる
過 forgot フォガット
▶ forget the number　番号を忘れる

0 100 200 300 400 500 600 700

437 **change**
[tʃeindʒ] チェインヂ
動 ～を変える，変わる
名 変化
▶ change our schedule　私たちの計画を変える

438 **send**
[send] センド
動 ～を送る
過 sent セント
▶ send an e-mail　メールを送る

439 **use**
[ju:z] ユーズ
動 ～を使う
▶ use a fork　フォークを使う

440 **sing**
[siŋ] スィング
動 ～を歌う，歌う
過 sang サング
▶ sing a song　歌を歌う

「歌手」は singer だね！

動詞

441 **wait**
[weit] ウェイト
動 待つ
▶ wait for a train　電車を待つ

442 **worry**
[wə́:ri] ワーリィ
動 心配する，～を心配させる
▶ Don't worry.　心配しないで。

443 **catch**
[kætʃ] キャッチ
動 ～をつかまえる
過 caught コート
▶ catch a big fish　大きな魚をつかまえる

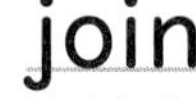

444 **join**
[dʒɔin] ヂョイン
動 ～に加わる，加わる
▶ join a baseball team　野球チームに加わる

『5分間テストブック』を解いてみよう！ ➡ 別冊 p.40

38 動詞⑨・助動詞

Step1 絵を見て，チャンツに続けて発音しよう。

445 borrow

446 try

447 grow

448 invite

449 relax

450 fly

451 will

452 could

453 should

454 would

455 must

456 shall

Step2 つづりと意味を見て，音声を聞こう。

□ 445 **borrow**

[bá:rou] バロウ

動 ～を借りる

▶ borrow an eraser 消しゴムを借りる

□ 446 **try**

[trai] トゥライ

動 ～をためす，(try to で)～しようと努力する 名 試み

▶ try new food 新しい食べ物をためす

□ 447 **grow**

[grou] グロウ

動 ～を育てる，成長する

過 grew グルー

▶ grow vegetables 野菜を育てる

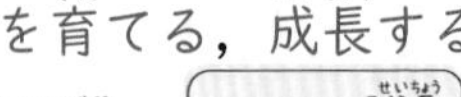

□ 448 **invite**

[inváit] インヴァイト

動 ～を招待する

▶ invite him to dinner 彼を夕食に招待する

0 100 200 300 400 500 600 700

449 **relax**
[rilǽks] リラックス
動 くつろぐ，～をくつろがせる
▶ relax on the sofa　ソファーの上でくつろぐ

450 **fly**
[flai] フライ
動 飛行機で行く，飛ぶ
過 flew フルー
▶ fly to America　アメリカへ飛行機で行く

451 **will**
[wil] ウィル
助 ～するつもりだ，～だろう
過 would ウッド
▶ I will call you later.　私はあとであなたに電話するつもりです。

452 **could**
[kud] クッド
助 (canの過去形)～することができた，(Could you ～?で)～していただけませんか。
▶ He could run fast ten years ago.　彼は10年前，速く走ることができました。

453 **should**
[ʃud] シュッド
助 ～すべきである，～したほうがよい
▶ You should be kind to her.　あなたは彼女に親切にすべきです。

454 **would**
[wud] ウッド
助 (Would you ～？で)～してくださいませんか。
▶ Would you open the window?　窓を開けてくださいませんか。

455 **must**
[mʌst] マスト
助 ～しなければならない，(否定形で)～してはいけない
▶ I must do my homework today.　今日は宿題をしなければなりません。

456 **shall**
[ʃæl] シャル
助 (Shall I ～？/Shall we ～？で)～しましょうか。
▶ Shall I show you a smaller one?　小さいのをお見せしましょうか。

『5分間テストブック』を解いてみよう！ ➡ 別冊 p.41

39 形容詞①

457～468

Step1 絵を見て，チャンツに続けて発音しよう。

457 happy

458 great

459 beautiful

460 good

461 sad

462 angry

463 interesting

464 funny

465 surprised

466 cute

467 wonderful

468 difficult

Step2 つづりと意味を見て，音声を聞こう。

457 **happy**
[hǽpi] ハピィ
形 うれしい，幸福な

feel happy で「うれしく思う」だよ！

▶ I am happy to meet you.　あなたに会えてうれしいです。

458 **great**
[greit] グレイト
形 すばらしい，偉大な

▶ a great pianist　すばらしいピアニスト

459 **beautiful**
[bjú:təfəl] ビューティフル
形 美しい，すばらしい

▶ a beautiful painting　美しい絵

460 **good**
[gud] グッド
形 よい，おいしい
比較　**good - better - best**

▶ a good idea　よいアイディア

0 100 200 300 400 500 600 700

461
sad
[sæd] サッド
▶ feel sad　悲しいと思う

形 悲しい

462
angry
[æŋgri] アングリィ
▶ She was angry.　彼女は怒っていました。

形 怒った，腹を立てた

463
interesting
[íntərəstiŋ] インタレスティング
▶ an interesting book　興味深い本

形 興味深い，おもしろい

interested は「興味をもっている」という意味だよ！

464
funny
[fʌ́ni] ファニィ
▶ His story was very funny.　彼の話はとてもおかしかったです。

形 おかしな，おもしろい

465
surprised
発音
[sərpráizd] サプライズド
▶ He was surprised at the news.　彼はそのニュースに驚きました。

形 驚いた

466
cute
[kjuːt] キュート
▶ a cute dog　かわいい犬

形 かわいい

467
wonderful
[wʌ́ndərfəl] ワンダフル
▶ a wonderful gift　すばらしい贈り物

形 すばらしい，すてきな

468
difficult
[dífikəlt] ディフィカルト
▶ a difficult question　難しい質問

形 難しい

『5分間テストブック』を解いてみよう！ ➡ 別冊 p.42

40 形容詞②

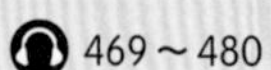

Step1 絵を見て，チャンツに続けて発音しよう。

469 free

470 favorite

471 same

472 pretty

473 quiet

474 dark

475 strong

476 healthy

477 young

478 soft

479 perfect

480 nervous

Step2 つづりと意味を見て，音声を聞こう。

□ 469 **free**
[fri:] フリー
形 ひまな，無料の
▶ free time ひまな時間

□ 470 **favorite**
[féivərit] フェイヴ(ァ)リト
形 大好きな，お気に入りの
名 お気に入り
▶ my favorite movie 私の大好きな映画

□ 471 **same**
[seim] セイム
形 同じ

at the same time で「同時に」という意味になるよ！

▶ They were on the same train. 彼らは同じ電車にいました。

□ 472 **pretty**
[príti] プリティ
形 かわいらしい，きれいな
▶ a pretty doll かわいらしい人形

0 100 200 300 400 500 600 700

473 **quiet** 発音

[kwáiət] クワイエト

形 静かな

▶ a quiet room 静かな部屋

Be quiet! で「静かにしてください!」という意味になるよ!

474 **dark**

[dɑːrk] ダーク

形 暗い，(色が)濃い

▶ in a dark room 暗い部屋で

475 **strong**

[strɔːŋ] ストゥローング

形 強い

▶ a strong player 強い選手

476 **healthy**

[hélθi] ヘルスィ

形 健康によい，健康な

▶ healthy food 健康によい食べ物

477 **young**

[jʌŋ] ヤング

形 若い

▶ too young 若すぎる

478 **soft**

[sɔːft] ソーフト

形 やわらかい

▶ a soft sofa やわらかいソファー

479 **perfect**

[pə́ːrfikt] パーフェクト

形 最適な，完全な

▶ a perfect day for a picnic ピクニックには最適な日

480 **nervous**

[nə́ːrvəs] ナーヴァス

形 緊張した，心配している

▶ get nervous 緊張する

形容詞

『5分間テストブック』を解いてみよう！ ➔ 別冊 p.43

41 形容詞③

Step1 絵を見て，チャンツに続けて発音しよう。

481 close

482 special

483 busy

484 sick

485 tired

486 sleepy

487 wrong

488 excited

489 hungry

490 ready

491 delicious

492 famous

Step2 つづりと意味を見て，音声を聞こう。

□ 481 **close** 発音

[klous] クロウス

形 すぐ近くの，親密な

▶ The museum is close to my house.　博物館は私の家のすぐ近くです。

□ 482 **special**

[speʃəl] スペシ(ャ)ル

形 特別な

▶ on a special day　特別な日に

□ 483 **busy**

[bízi] ビズィ

形 忙しい，にぎやかな

▶ I'm busy today.　私は今日，忙しいです。

□ 484 **sick** 発音

[sik] スィック

形 病気の，病気で

▶ help sick people　病気の人々を助ける

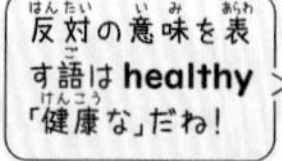

反対の意味を表す語は healthy「健康な」だね!

0　100　200　300　400　500　600　700

485 □
tired
[táiərd] タイアド
形 疲(つか)れた
▶ get tired　疲(つか)れる

486 □
sleepy
[slíːpi] スリーピィ
形 眠(ねむ)い，眠(ねむ)そうな
▶ look sleepy　眠(ねむ)そうに見(み)える

487 □
wrong　発音
[rɔːŋ] ローング
形 悪(わる)い，間違(まちが)った
▶ What's wrong?　何(なに)が悪(わる)いのですか(＝どうしたのですか)。

488 □
excited
[iksáitid] イクサイティド
形 わくわくした，興奮(こうふん)した
▶ get excited　わくわくする

exciting「わくわくさせる」と区別(くべつ)してておぼえよう!

489 □
hungry
[hʌ́ŋgri] ハングリィ
形 おなかがすいた，空腹(くうふく)の
▶ I am hungry.　私(わたし)はおなかがすいています。

490 □
ready　発音
[rédi] レディ
形 用意(ようい)ができて
▶ I'm ready for the test.　私(わたし)は試験(しけん)の用意(ようい)ができています。

491 □
delicious
[dilíʃəs] ディリシャス
形 とてもおいしい
▶ a delicious meal　とてもおいしい食事(しょくじ)

492 □
famous
[féiməs] フェイマス
形 有名(ゆうめい)な
▶ a famous musician　有名(ゆうめい)なミュージシャン

『5分間(ふんかん)テストブック』を解(と)いてみよう！ ➡ 別冊(べっさつ) p.44

42 形容詞④

Step1 絵を見て，チャンツに続けて発音しよう。

493 easy

494 bad

495 popular

496 useful

497 different

498 expensive

499 careful

500 near

501 best

502 better

503 hard

504 far

Step2 つづりと意味を見て，音声を聞こう。

□ 493 **easy**

[íːzi] イーズィ

形 やさしい，簡単な

▶ an easy question　やさしい問題

□ 494 **bad**

[bæd] バッド

形 悪い

比較 **bad - worse - worst**

▶ bad weather　悪天候

□ 495 **popular**

[pápjulər] パピュラァ

形 人気のある，流行の

▶ a popular shop　人気のある店

□ 496 **useful**　発音

[júːsfəl] ユースフル

形 役に立つ

▶ a useful book　役に立つ本

be useful for ～ing で「～することに役に立つ」という意味だよ！

500語まで
できたよ

497 **different** 形 ちがった，異なる
[dífərənt] ディフ(ェ)レント
▶ different ideas　ちがった考え

498 **expensive** 形 高価な
[ikspénsiv] イクスペンスィヴ
▶ buy an expensive bag　高価なバッグを買う

499 **careful** 形 気をつける，注意深い
[kéərfəl] ケアフル
▶ Be careful, Bob.　ボブ，気をつけてください。

500 **near** 形 (距離・時間が)近い　副 近くに
[niər] ニア
▶ the nearest station　いちばん近い駅

501 **best** 形 (good, well の最上級)最もよい　副 (well の最上級)最もよく
[best] ベスト
▶ my best friend　親友

502 **better** 形 (good, well の比較級)よりよい，(病気・気分が)よくなって　副 よりよく，(well の比較級)よりじょうずに
[bétər] ベタァ
▶ a better plan　よりよい案

503 **hard** 形 難しい，かたい　副 一生懸命に，激しく
[hɑːrd] ハード
▶ My homework is too hard.　私の宿題はあまりにも難しいです。

504 **far** 形 遠い　副 遠くに
[fɑːr] ファー
▶ far from here　ここから遠い

『5分間テストブック』を解いてみよう！ ➡ 別冊 p.45

43 形容詞⑤

505～516

Step1 絵を見て，チャンツに続けて発音しよう。

505 open　506 dry　507 sorry　508 small

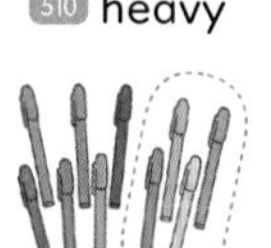

509 little　510 heavy　511 light　512 tall

513 large　514 some　515 any　516 much

Step2 つづりと意味を見て，音声を聞こう。

505 **open**

[oupən] オウプン

形 開いた

動 ～を開ける，開く

▶ an open window　開いた窓

506 **dry**

[drai] ドゥライ

形 乾いた　動 ～を乾かす

▶ a dry towel　乾いたタオル

507 **sorry**

[sári] サリィ

形 すまないと思って，気の毒で

▶ I'm sorry.　ごめんなさい。

508 **small**

[smɔːl] スモール

形 小さい

▶ a small dog　小さい犬

0 100 200 300 400 500 600 700

509 **little** [lítl] リトゥル

形 小さい
比較 **little - less - least**

▶ a little girl 小さい女の子

510 **heavy** [hévi] ヘヴィ

形 重い

▶ a heavy bag 重いかばん

511 **light** 発音 [lait] ライト

形 軽い，明るい
名 光，明るさ

▶ a light camera 軽いカメラ

512 **tall** [tɔːl] トール

形 (木・建物などが)高い，背が高い

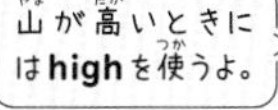

▶ a tall tree 高い木

513 **large** [lɑːrdʒ] ラーヂ

形 大きい

▶ a large pizza 大きいピザ

some information「いくらかの情報」のように，数えられない名詞にも使うよ。

514 **some** [sʌm] サム

形 いくつかの，いくらかの
代 いくつか，いくらか

▶ ask some questions いくつかの質問をする

515 **any** [éni] エニィ

形 (疑問文で)いくつかの，(否定文で)少しも

▶ Do you have any pens? いくつかのペンをもっていますか。

516 **much** [mʌtʃ] マッチ

形 たくさんの 副 たいへん
比較 **many - more - most**

▶ have too much homework あまりにたくさんの宿題がある

『**5分間テストブック**』を解いてみよう！ ➡ **別冊 p.46**

形容詞

44 形容詞⑥

Step1 絵を見て，チャンツに続けて発音しよう。

517 more

518 most

519 many

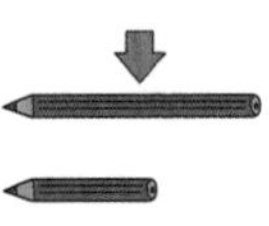
520 long

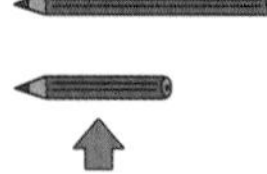
521 short

522 high

523 sunny

524 fine

525 rainy

526 snowy

527 warm

528 windy

Step2 つづりと意味を見て，音声を聞こう。

517 **more**
[mɔːr] モー(ァ)
形 (many, muchの比較級)もっと多くの 副 (muchの比較級)もっと，(more＋形容詞，副詞で)もっと～
▶ I need more information. 私はもっと多くの情報が必要です。

518 **most**
[moust] モウスト
形 (many, muchの最上級)最も多い 副 (muchの最上級)最も，(most＋形容詞，副詞で)最も～
▶ have the most snow 最も多くの雪が降る

519 **many**
[méni] メニィ
形 たくさんの
比較 **many - more - most**
▶ many people たくさんの人々

うしろには数えられる名詞がくるよ！

520 **long**
[lɔːŋ] ローング
形 長い 副 長く
▶ a long vacation 長い休暇

0 100 200 300 400 500 600 700

521 **short** [ʃɔːrt] ショート

形 短い，背の低い

▶ have short hair 短い髪をしている

522 **high** 発音 [hai] ハイ

形 高い 副 高く

▶ a high mountain 高い山

523 **sunny** [sʌ́ni] サニィ

形 よく晴れた

▶ It's sunny today. 今日はよく晴れています。

524 **fine** [fain] ファイン

形 すばらしい，元気な，晴れた

▶ fine weather すばらしい天気

That's fine with me. で「私はいいですよ(かまいません)」という意味だよ！

525 **rainy** [réini] レイニィ

形 雨の，雨降りの

▶ a rainy day 雨の日

526 **snowy** [snóui] スノウイ

形 雪の降る

▶ It'll be snowy tomorrow. 明日は雪が降るでしょう。

527 **warm** [wɔːrm] ウォーム

形 温かい，暖かい

▶ warm milk 温かい牛乳

528 **windy** [wíndi] ウィンディ

形 風の強い

▶ It was windy yesterday. 昨日は風が強かったです。

『5分間テストブック』を解いてみよう！ ➡ 別冊 p.47

45 形容詞⑦

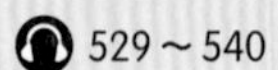

529～540

Step1 絵を見て，チャンツに続けて発音しよう。

529 cloudy　530 cool

531 cold

532 hot

533 own　534 dear

535 right

536 all

537 other

538 both

539 every

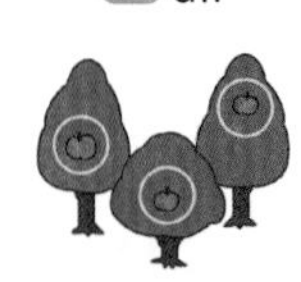

540 each

Step2 つづりと意味を見て，音声を聞こう。

529 **cloudy**
[kláudi] クラウディ
形 くもった
▶ It was cloudy all day today.　今日は一日中くもっていました。

530 **cool**
[ku:l] クール
形 涼しい，かっこいい
▶ It's a little cool today.　今日は少し涼しいです。

天気を表す文は It で始めるよ！

531 **cold**
[kould] コウルド
形 冷たい，寒い
▶ cold water　冷たい水

532 **hot**
[hɑt] ハット
形 暑い，熱い
▶ a hot day　暑い日

0 100 200 300 400 500 600 700

533 own
[oun] オウン

形 自分自身の

▶ my own computer　自分自身のコンピューター

534 dear
[diər] ディア

形 (手紙の書き出しで)～様，親愛なる

▶ Dear Jack,　(手紙の書き出しで)ジャック様

535 right　発音
[rait] ライト

形 正しい，右の
副 正しく，右に　名 右

▶ You're right.　あなたは正しいです(＝そのとおり)。

536 all
[ɔ:l] オール

形 すべての
代 すべてのもの

▶ all the students in the class　クラスのすべての生徒

537 other
[ʌ́ðər] アザァ

形 他の，別の
代 他のもの，他の人

▶ other people　他の人々

538 both　発音
[bouθ] ボウス

形 どちらの～も，両方の
代 両方

▶ Both days are good.　どちらの日もよいです。

539 every
[évri] エヴリィ

形 毎～，どの～もすべて

▶ take a walk every morning　毎朝散歩をする

540 each
[i:tʃ] イーチ

形 それぞれの，各自の
代 それぞれ，各自

▶ each member of the team　チームのそれぞれのメンバー

『5分間テストブック』を解いてみよう！　➡ 別冊 p.48

46 副詞①

541～552

Step1 絵を見て，チャンツに続けて発音しよう。

541 outside

542 away

543 there

544 here

545 down

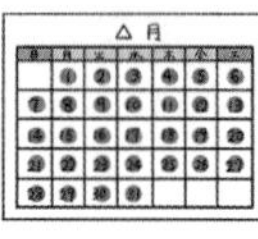
546 always

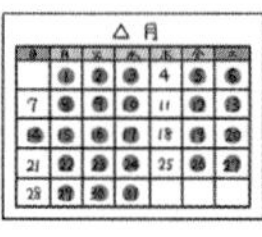
547 usually

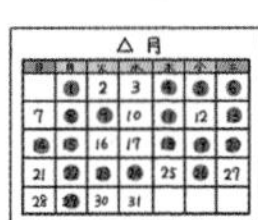
548 often

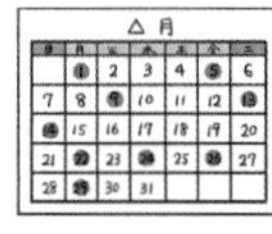
549 sometimes

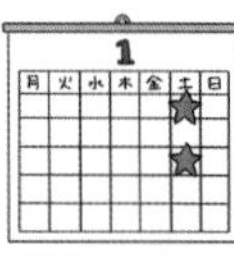
550 twice

551 once

552 just

Step2 つづりと意味を見て，音声を聞こう。

□ 541 **outside**

[autsáid] アウトゥサイド

副 外に[で]，外側に[で]
前 ～の外(側)に

▶ play outside　外で遊ぶ

反対の意味を表す語はinside「中に[で]」だね！

□ 542 **away**

[əwéi] アウェイ

副 離れて，留守で

▶ live away from home　家から離れて暮らす

□ 543 **there**

[ðeə*r*] ゼア

副 そこに[で，へ]，(There is[are] ～で)～がある[いる]

▶ go there　そこに行く

□ 544 **here**

[hiə*r*] ヒア

副 ここで，ここへ

▶ wait for you here　ここであなたを待つ

545 **down** 副 下へ，下がって

[daun] ダウン

▶ put it down　それを下に置く

546 **always** 副 いつも，常に

[ɔ́:lwəz] オールウェズ

▶ He always goes to bed at 10 p.m.　彼はいつも午後10時に寝ます。

547 **usually** 副 ふだん，ふつう

[jú:ʒuəli] ユージュアリィ

▶ I usually get up at 6 a.m.　私はふだん午前6時に起きます。

548 **often** 副 たびたび，よく

[ɔ:fən] オーフン

How often do you ～? は「どのくらいの頻度で～しますか?」という意味だよ!

▶ My mother often bakes bread.　私の母はたびたびパンを焼きます。

549 **sometimes** 副 ときどき

[sʌ́mtaimz] サムタイムズ

▶ I sometimes go jogging.　私はときどきジョギングに行きます。

550 **twice** 副 2度，2回

[twais] トゥワイス

▶ twice a month　月に2回

551 **once** 副 1度[回]，かつて

[wʌns] ワンス

▶ once a year　1年に1度

552 **just** 副 ほんの，ちょうど

[dʒʌst] チャスト

▶ just a little　ほんの少し

『5分間テストブック』を解いてみよう！ ➡ 別冊 p.49

47 副詞②

553～564

Step1 絵を見て，チャンツに続けて発音しよう。

553 together

554 ago

555 then

556 soon

557 someday

558 well

559 really

560 again

561 maybe

562 also

563 still

564 already

Step2 つづりと意味を見て，音声を聞こう。

□ 553 **together**  発音

[təgéðər] トゥゲザァ

副 いっしょに，ともに

▶ Let's study together. いっしょに勉強しましょう。

□ 554 **ago**

[əgóu] アゴウ

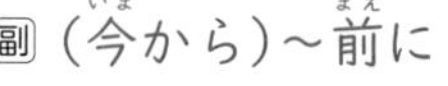
副 (今から)～前に

▶ three years ago 3年前に

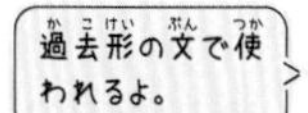

□ 555 **then** 発音

[ðen] ゼン

副 そのとき，それから

▶ I was sleeping then. そのとき私は眠っていました。

□ 556 **soon**

[su:n] スーン

副 すぐに，まもなく

▶ I'll be back soon. 私はすぐに戻ってきます。

557 **someday**
[sʌ́mdei] サムデイ
副 (未来の)いつか,そのうちに
▶ I want to be a singer someday. 私はいつか歌手になりたいです。

558 **well**
[wel] ウェル
副 じょうずに 間 まあ
比較 **well - better - best**
▶ Lisa can play the piano well. リサはじょうずにピアノを演奏します。

559 **really**
[ríːəli] リー(ア)リィ
副 本当に,(日常会話で)まさか
▶ I'm really hungry. 私は本当にお腹がへっています。

560 **again**
[əgén] アゲン
副 また,ふたたび

▶ I want to see you again. 私はあなたにまた会いたいです。

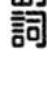

561 **maybe**
[méibi] メイビィ
副 たぶん,ひょっとすると
▶ Maybe it'll be sunny. たぶん明日はよく晴れるでしょう。

562 **also**
[ɔ́ːlsou] オールソウ
副 ~も(また)
▶ I know Shelly. I also know her father. 私はシェリーを知っています。私は彼女の父親も知っています。

563 **still**
[stil] スティル
副 今でも,まだ
▶ I still remember her. 私は今でも彼女をおぼえています。

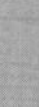

564 **already**
[ɔːlrédi] オールレディ
副 もう,すでに
▶ I already read the book. 私はもうその本を読みました。

『5分間テストブック』を解いてみよう! ➡ 別冊 p.50

48 副詞③

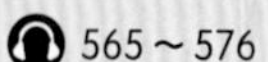
565～576

Step1 絵を見て，チャンツに続けて発音しよう。

ゆっくり
565 slowly

566 almost

567 only

どこにも
行かない…
568 anywhere

あとでね!
569 later

570 last

571 next

572 first

573 fast

574 slow

575 late

576 early

Step2 つづりと意味を見て，音声を聞こう。

565 **slowly**
[slóuli] スロウリィ

副 ゆっくりと，遅く

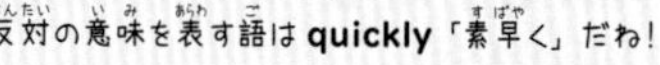
反対の意味を表す語は quickly「素早く」だね!

▶ Please speak more slowly.　もっとゆっくりと話してください。

566 **almost**
[ɔ́:lmoust] オールモウスト

副 ほとんど，もう少しで

▶ I'm almost as tall as my mother.　私はほとんど母と同じくらいの背の高さです。

567 **only**
[óunli] オウンリィ

副 ただ[たった] ～だけ
形 ただ１つの，ただ１人の

▶ only five dollars　たった５ドルだけ

568 **anywhere**
[énihweər] エニ(フ)ウェア

副 (否定文で)どこにも(～ない)，(肯定文で)どこへでも

▶ She didn't go anywhere yesterday.　彼女は昨日どこにも行きませんでした。

疑問文では「どこかに」という意味になるよ!

569 **later** 副 あとで，もっと遅く

[léitər] レイタァ

▶ call him later　あとで彼に電話をする

570 **last** 副 最後に，この前　形 最後の，この前の

[læst] ラスト

▶ When did you see Tom last?　最後にトムに会ったのはいつですか。

リスニングの問題の問いかけでよく出るよ!

571 **next** 副 次に　形 次の，今度の

[nekst] ネクスト

▶ What will the girl do next?　次にその少女は何をするでしょうか。

572 **first** 副 最初に，第1に　形 第1の，最初の

[fəːrst] ファースト

▶ First, we'll eat lunch.　最初にランチを食べましょう。

573 **fast** 副 速く　形 速い

[fæst] ファスト

▶ run fast　速く走る

574 **slow** 副 ゆっくり　形 遅い，のろい

[slou] スロウ

▶ Drive slow.　ゆっくり運転しなさい。

575 **late** 副 遅く，遅れて　形 遅い，遅れた

比較 **late - later - latest**

[leit] レイト

▶ Bob got up late this morning.　ボブは今朝遅く起きました。

576 **early** 副 早く　形 早い，初期の

[ə́ːrli] アーリィ

▶ You should go to bed early.　あなたは早く寝るべきです。

『5分間テストブック』を解いてみよう!　➜ 別冊 p.51

49 前置詞①

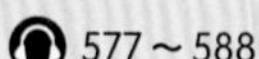
577～588

Step1 絵を見て，チャンツに続けて発音しよう。

577 about

578 around

579 before

580 after

581 until

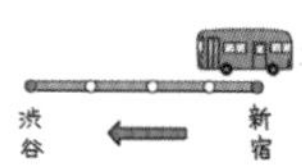

582 to

583 at

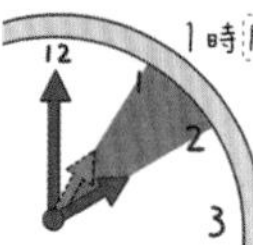

584 for

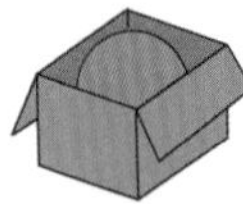
585 in

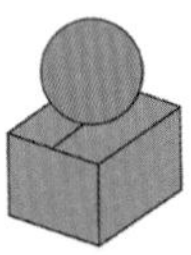
586 on

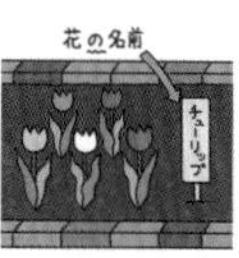

587 of

588 with

Step2 つづりと意味を見て，音声を聞こう。

□ 577 **about**
[əbáut] アバウト
前 ～について(の)
副 およそ，約
▶ a book about soccer　サッカーについての本

□ 578 **around**
[əráund] アラウンド
前 ～中を[で]，～のまわりを[に]　副 まわりを，まわりに
▶ around the world　世界中で

□ 579 **before**
[bifɔ́ːr] ビフォー(ァ)
前 ～の前に　接 ～する前に
副 前に
▶ before breakfast　朝食の前に

□ 580 **after**
[ǽftər] アフタァ
前 ～のあとに
接 ～したあとで
▶ after dinner　夕食のあとに

0 100 200 300 400 500 600 700

581 **until**
[əntíl] アンティル
前 ～まで(ずっと)
接 ～するときまで
▶ until ten o'clock 10時まで

582 **to**
[tuː] トゥー
前 ～に[へ], ～まで
▶ go to the station 駅に行く

583 **at**
[æt] アット
前 (場所・位置)～で, (時間)～に
▶ at the stadium スタジアムで

584 **for**
[fɔːr] フォー(ァ)
前 ～の間, ～のために
▶ for an hour 1時間

585 **in**
[in] イン
前 (場所・位置)～の中に[で], (時間)～に
▶ in the bag バッグの中に

586 **on**
[ɑn] アン
前 (日時を表して)～に, ～の上に
▶ on Sunday 日曜日に

587 **of**
[ʌv] アヴ
前 (所有・所属)～の, (部分)～の中の[で]
▶ a friend of mine 私の友人の1人

588 **with**
[wið] ウィズ
前 ～といっしょに, (道具・手段・材料)～で
▶ with my family 家族といっしょに

『5分間テストブック』を解いてみよう! ➡ 別冊 p.52

50 前置詞②・接続詞

Step1 絵を見て，チャンツに続けて発音しよう。

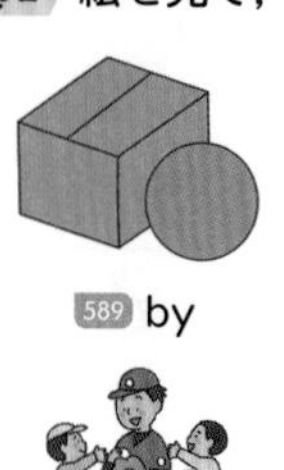

589 by

590 during

591 under

592 against

593 among

594 and

595 but

596 or

597 because

598 if

599 than

600 so

Step2 つづりと意味を見て，音声を聞こう。

□ 589 **by**

[bai] バイ

前 ～のそばに[の]，(手段) ～によって

▶ a house by the sea　海のそばの家

by bus「バスで」のように乗り物などの手段を表すこともあるよ！

□ 590 **during**

[djúəriŋ] デュ(ア)リング

前 ～の間ずっと

▶ during the trip　旅の間ずっと

□ 591 **under**

[ʌ́ndər] アンダァ

前 ～の下に，～未満の

▶ under the table　テーブルの下に

□ 592 **against**

[əgénst] アゲンスト

前 ～に反対して

▶ against the plan　その案に反対して

593 **among**
[əmʌ́ŋ] アマング
前 (3つ以上)の間に[で]
between「(2つの) 間に」との使い方のちがいに注意しよう!
▶ popular among boys 男の子の間で人気がある

594 **and**
[ænd] アンド
接 ～と…, そして
▶ I bought some apples and oranges. 私はいくつかのリンゴとオレンジを買いました。

595 **but**
[bʌt] バット
接 しかし, だが
▶ It's sunny but windy today. 今日はよく晴れていますが, 風が強いです。

596 **or**
[ɔːr] オー(ァ)
接 ～か…, かあるいは～
▶ Would you like some tea or coffee? 紅茶かコーヒーはいかがですか。

597 **because**
[bikɔ́ːz] ビコーズ
接 ～なので, (なぜなら)～だから
▶ I opened the window because it was hot. 暑かったので, 私は窓を開けました。

598 **if**
[if] イフ
接 もし～ならば
▶ If it's sunny tomorrow, I will go fishing. もし明日晴れたら, 私は釣りに行くつもりです。

599 **than**
[ðæn] ザン
接 (比較級のあとに置いて)～よりも
▶ Peter ran faster than me. ピーターは私よりも速く走りました。

600 **so**
[sou] ソウ
接 それで, だから
副 とても, そのように
▶ I was tired, so I went home. 私は疲れていたので, 帰宅しました。

『5分間テストブック』を解いてみよう! ➡ 別冊 p.53

英検TIPS!

当日の流れ

いよいよ英検当日！　ケンとアカネは無事に受験に臨めるかな？

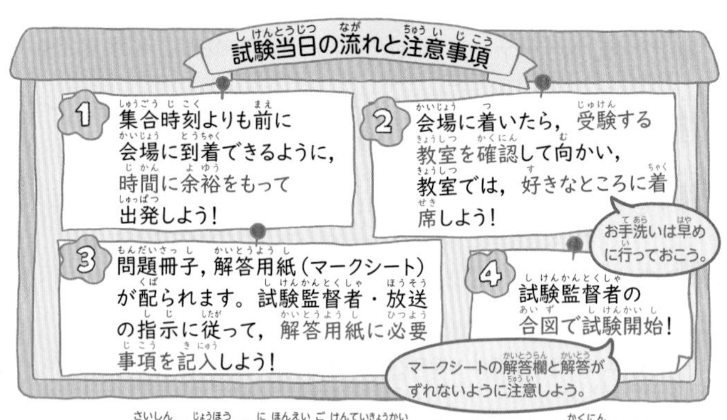

最新の情報は日本英語検定協会のホームページで確認しましょう。

熟語100

この章では英検で
複数回出てきた熟語を学習するよ！
しっかりおぼえて，他の人と差をつけよう！

51 動詞の働きをする熟語①

Step1 絵を見て，チャンツに続けて発音しよう。

601 want to ～

602 be going to ～

603 have to ～

604 need to ～

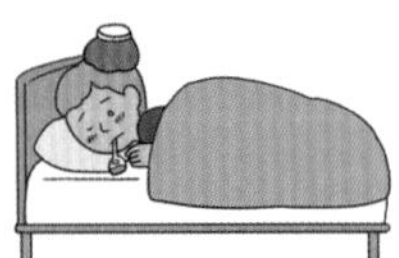

605 have a cold

606 come home

607 look for ～

608 be late for ～

609 take a picture

610 take ～ to ...

Step2 つづりと意味を見て，音声を聞こう。

want to ～

～したい

▶ I **want to** buy some ice cream.
私はいくらかのアイスを買いたいです。

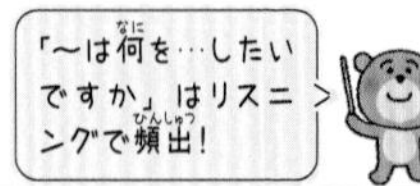

「～は何を…したいですか」はリスニングで頻出！

be going to ～

～するつもりだ

▶ Ken **is going to** play soccer after school.
ケンは放課後，サッカーをするつもりです。

603 have to ～
～しなければならない

▶ She **has to** finish her homework by next Monday.
彼女は次の月曜日までに宿題を終わらせなければなりません。

604 need to ～
～する必要がある

▶ We **need to** talk about our school festival.
私たちは私たちの学校祭について話す必要があります。

605 have a cold
風邪をひいている

▶ My brother **had a cold** two days ago.
私の兄[弟]は２日前に，風邪をひいていました。

606 come home
帰宅する

▶ She will **come home** at five.
彼女は５時に帰宅します。

607 look for ～
～を探す

▶ What are you **looking for**?
あなたは何を探しているのですか。

買い物の場面でよく使われるよ！

608 be late for ～
～に遅れる，遅刻する

▶ I **was late for** school this morning.
私は今朝，学校に遅れました。

609 take a picture
写真を撮る

▶ Tom **took pictures** in Kyoto.
トムは京都で写真を撮りました。

610 take ～ to ...
～を…に連れていく

▶ My mother often **takes** me **to** the supermarket.
私の母はよく私をそのスーパーマーケットに連れていきます。

▷『5分間テストブック』を解いてみよう！ ➡ 別冊 p.54

52 動詞の働きをする熟語②

611〜620

Step1 絵を見て，チャンツに続けて発音しよう。

611 wake up

612 get home

613 get to 〜

614 be good at 〜

615 move to 〜 from ...

616 arrive at 〜

617 come back from 〜

618 enjoy dancing

619 start to 〜

620 wait for 〜

Step2 つづりと意味を見て，音声を聞こう。

611 **wake up** 目が覚める

▶ She **woke up** at six a.m. today.
彼女は今日，午前６時に目が覚めました。

612 **get home** 帰宅する

▶ I **got home** at four p.m. yesterday.
私は昨日，午後４時に帰宅しました。

get home from school なら，「学校から帰宅する」だね！

0 100 200 300 400 500 600 700

613 get to ～

～に着く，～に到着する

▶ We **got to** the station ten minutes ago.
私たちは10分前に駅に着きました。

614 be good at ～

～が得意だ，
～がじょうずだ

▶ He **is good at** playing the piano.
彼はピアノを弾くのが得意です。

615 move to ～ from ...

…から～に引っ越す

▶ She will **move to** Hokkaido **from** Tokyo next month.
彼女は来月，東京から北海道に引っ越します。

比較的目的地が広い地域の場合，**arrive in** ～「～に着く」を使うよ！

616 arrive at ～

～に着く

▶ The plane will **arrive at** the airport at three p.m.
その飛行機は午後3時に空港に着きます。

617 come back from ～

～から帰ってくる，
～から戻る

▶ She **came back from** the U.S. last Friday.
彼女はこの前の金曜日，アメリカから帰ってきました。

618 enjoy dancing

踊るのを楽しむ

enjoy playing soccer「サッカーをするのを楽しむ」，**enjoy running**「走るのを楽しむ」などの表現もあるよ！

▶ We **enjoy dancing** after school.
私たちは放課後，踊るのを楽しみます。

619 start to ～

～し始める

▶ Mr. Smith **started to** talk about himself.
スミス先生は彼自身について話し始めました。

620 wait for ～

～を待つ

▶ Jim **waited for** his friend for a long time.
ジムは長い間，彼の友達を待ちました。

『5分間テストブック』を解いてみよう！ ➡ 別冊 p.55

53 動詞の働きをする熟語③

621～630

Step1 絵を見て，チャンツに続けて発音しよう。

621 go back to ～

622 slow down

623 talk to ～

624 be interested in ～

625 give up ～

626 go on a trip

627 go out

628 hear about ～

629 leave for ～

630 look like ～

Step2 つづりと意味を見て，音声を聞こう。

621 **go back to ～**　～へ帰る，～へ戻る

▶ Linda will **go back to** her country next week.
リンダは来週，彼女の国へ帰るつもりです。

622 **slow down**　速度を落とす，遅くする

▶ Please **slow down**.
速度を落としてください。

623 talk to ～

～に話をする

▶ I **talked to** Ms. Brown about our homework.
私は私たちの宿題についてブラウン先生に話をしました。

624 be interested in ～

～に興味を持っている

▶ David **is interested in** the new movie.
デイビッドはその新しい映画に興味を持っています。

625 give up ～

～をやめる，
～をあきらめる

Don't give up.
「あきらめないで」
という表現もよく
出るよ！

▶ My father **gave up** smoking.
私の父は喫煙をやめました。

626 go on a trip

旅行に行く

▶ We will **go on a trip** to Okinawa.
私たちは沖縄に旅行に行くつもりです。

627 go out

外出する

▶ My family sometimes **goes out** for dinner.
私の家族はときどき，夕食のために外出します。

628 hear about ～

～について聞く

▶ Did you **hear about** the news?
あなたはそのニュースについて聞きましたか。

629 leave for ～

～に向かって出発する

▶ She usually **leaves for** school at eight.
彼女はたいてい８時に学校に向かって出発します。

630 look like ～

～に似ている，
～のように見える

▶ Amy **looks like** her mother.
エイミーは彼女のお母さんに似ています。

▷『5分間テストブック』を解いてみよう！ ➡ 別冊 p.56

54 動詞の働きをする熟語

Step1 絵を見て，チャンツに続けて発音しよう。

631 stay with ～

632 get off ～

633 stop talking

634 take a trip

635 talk with ～

636 feel better

637 finish eating

638 have a good time

639 help ～ with ...

640 stay at ～

Step2 つづりと意味を見て，音声を聞こう。

631 **stay with ～**　（人）の所に泊まる，（人）の所に滞在する

▶ I **stayed with** my uncle in Osaka.
私は大阪で私のおじの所に泊まりました。

632 **get off ～**　～から降りる

「バスに乗る」は **get on** ～を使って **get on the bus** となるよ！

▶ We **got off** the bus in front of the airport.
私たちは空港の前でそのバスから降りました。

633 **stop talking** 話すのをやめる

stop watching TV なら「テレビを見るのをやめる」だよ！

▶ They **stopped talking** when their teacher came into the classroom.
先生が教室に入ってきたとき，彼らは話すのをやめました。

634 **take a trip** 旅行をする

▶ I want to **take a trip** to Japan.
私は日本へ旅行をしたいです。

635 **talk with ～** ～と話をする

▶ I often **talk with** my friends after school.
私はよく放課後に友達と話をします。

636 **feel better** 気分がよくなる

▶ I hope you **feel better** soon.
私はあなたがすぐに気分がよくなることを望んでいます。

637 **finish eating** 食べ終える

▶ He **finished eating** his dinner.
彼は夕食を食べ終えました。

638 **have a good time** 楽しい時を過ごす

▶ They **had a good time** on their holiday.
彼らは休日に楽しい時を過ごしました。

639 **help ～ with …** ～の…を手伝う，～を…(のこと)で助ける

▶ My father sometimes **helps** me **with** my homework.
私の父はときどき，私の宿題を手伝ってくれます。

640 **stay at ～** (場所)に泊まる，(場所)に滞在する

▶ We are going to **stay at** the famous hotel.
私たちはその有名なホテルに泊まる予定です。

『5分間テストブック』を解いてみよう！ ➔ 別冊 p.57

55 動詞の働きをする熟語⑤

641～650

Step1 絵を見て，チャンツに続けて発音しよう。

641 take a walk

642 ask for ～

643 be able to ～

644 be full of ～

645 believe in ～

646 call ～ back

647 catch a cold

648 get back

649 look around

650 pick up ～

Step2 つづりと意味を見て，音声を聞こう。

641

take a walk

散歩をする

take a trip「旅行をする」といっしょにおぼえよう!

▶ My grandparents **take a walk** together every morning.
私の祖父母は毎朝，いっしょに散歩をします。

642

ask for ～

～を求める

▶ The man **asked for** help.
その男の人は助けを求めました。

643 **be able to ～** ～することができる

▶ He **was able to** run fast.
彼は速く走ることができました。

644 **be full of ～** ～でいっぱいである

▶ The sky **is full of** stars.
空は星でいっぱいです。

645 **believe in ～** ～の存在を信じる，～を信用する

▶ I **believe in** Santa Claus.
私はサンタクロースの存在を信じています。

646 **call ～ back** ～に電話をかけ直す

▶ I'll **call** you **back** later.
あとであなたに電話をかけ直します。

647 **catch a cold** 風邪をひく

▶ I often **catch a cold**.
私はよく風邪をひきます。

have a cold は「風邪をひいている」という意味だよ！

648 **get back** 戻る，帰る

▶ **Get back** before it's dark.
暗くなる前に戻りなさい。

649 **look around** あたりを見回す

▶ The cat is **looking around**.
そのネコはあたりを見回しています。

650 **pick up ～** ～を拾う，～を(車で)迎えに行く

▶ I **picked up** a stone.
私は石を拾いました。

『5分間テストブック』を解いてみよう！ ➡ 別冊 p.58

56 動詞の働きをする熟語⑥

Step1 絵を見て，チャンツに続けて発音しよう。

651 play catch

652 say goodbye to ～

653 say hello to ～

654 write back

655 write to ～

656 become friends with ～

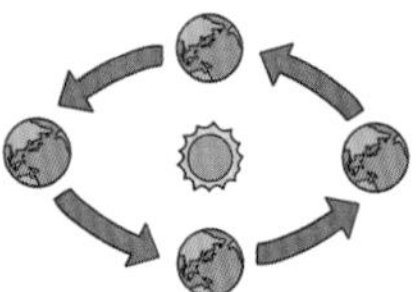

657 go around ～

658 have no idea

659 think of ～

660 worry about ～

Step2 つづりと意味を見て，音声を聞こう。

651 **play catch** キャッチボールをする

▶ Let's **play catch** in the park.
公園でキャッチボールをしよう。

652 **say goodbye to ～** ～に別れのあいさつを言う

▶ Minami **said goodbye to** her classmates.
ミナミは彼女のクラスメートに別れのあいさつを言いました。

653 **say hello to ～**　～によろしくと伝える[言う]

▶ Please **say hello to** your family.
あなたのご家族によろしくとお伝えください。

654 **write back**　返事を書く

▶ Please **write back** soon.
すぐに返事を書いてください。

655 **write to ～**　～に手紙を書く

▶ I sometimes **write to** my cousin.
私はときどき，私のいとこに手紙を書きます。

656 **become friends with ～**　～と友達になる

▶ We want to **become friends with** the new student.
私たちはその新入生と友達になりたいです。

657 **go around ～**　～のまわりを回る

▶ The earth **goes around** the sun.
地球は太陽のまわりを回ります。

658 **have no idea**　まったくわからない

▶ I **have no idea** about the plan.
私はその計画についてまったくわかりません。

659 **think of ～**　～のことを考える

▶ We should **think of** our future more.
私たちはもっと私たちの将来のことを考えるべきです。

660 **worry about ～**　～のことを心配する

▶ Don't **worry about** me.
私のことを心配しないでください。

『5分間テストブック』を解いてみよう！ ➡ 別冊 p.59

57 その他の熟語①

661～670

Step1 絵を見て，チャンツに続けて発音しよう。

661 a lot of ～

662 from ～ to ...

663 next to ～

664 in the future

665 ～ years old

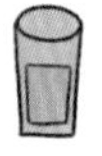

666 a glass of ～

667 a kind of ～

668 a cup of ～

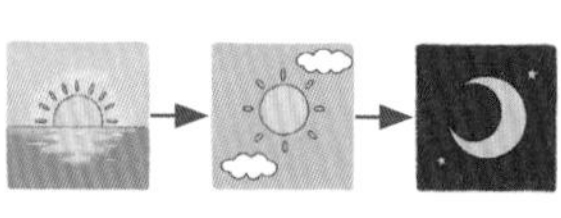

669 all day long

670 for example

Step2 つづりと意味を見て，音声を聞こう。

661 **a lot of ～**　たくさんの～

▶ She reads **a lot of** books.
彼女はたくさんの本を読みます。

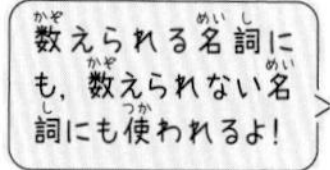

数えられる名詞にも，数えられない名詞にも使われるよ！

662 **from ～ to ...**　～から…まで，～から…へ

▶ I work **from** nine **to** six every day.
私は毎日９時から６時まで仕事をします。

0 100 200 300 400 500 600 700

663 **next to ~** ～のとなりに

▶ Patrick is sitting **next to** me in the picture.
その写真のパトリックは私のとなりに座っています。

664 **in the future** 将来

▶ I want to become a soccer player **in the future**.
私は将来サッカー選手になりたいです。

665 **~ years old** ～歳

▶ She is seventeen **years old**.
彼女は17歳です。

666 **a glass of ~** コップ1杯の～

▶ I drink **a glass of** orange juice every morning.
私は毎朝，コップ1杯のオレンジジュースを飲みます。

667 **a kind of ~** ～の一種

▶ This is **a kind of** vegetable.
これは野菜の一種です。

668 **a cup of ~** カップ1杯の～

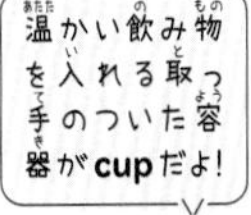

温かい飲み物を入れる取っ手のついた容器がcupだよ!

▶ I like to have **a cup of** coffee after lunch.
私は昼食のあとにカップ1杯のコーヒーを飲むのが好きです。

669 **all day long** 1日中

▶ It rained **all day long** yesterday.
昨日は1日中雨が降っていました。

670 **for example** たとえば

▶ My father speaks some languages, **for example**, French and Spanish.
私の父はいくつかの言語を話します，たとえば，フランス語やスペイン語です。

『5分間テストブック』を解いてみよう！ ➡ 別冊 p.60

58 その他の熟語②

Step1 絵を見て，チャンツに続けて発音しよう。

671 for the first time

672 on the ～ day

673 a little

674 all over the world

675 for a long time

676 in front of ～

677 one day

678 one of ～

679 right now

680 on vacation

Step2 つづりと意味を見て，音声を聞こう。

□ 671 **for the first time** 初めて

▶ Last night, Jack ate sushi **for the first time**.
昨夜，ジャックは初めてお寿司を食べました。

□ 672 **on the ～ day** （序数を入れて）～日目に

▶ I met Jack **on the** second **day** of the festival.
私はそのお祭の２日目にジャックに会いました。

On the second day, ～と文頭に置くこともあるよ！

673 a little
少し

▶ I am **a little** tired today.
私は今日少し疲れています。

674 all over the world
世界中で

▶ He is famous **all over the world**.
彼は世界中で有名です。

675 for a long time
長い間

▶ My mother was talking on the phone **for a long time**.
私の母は電話で長い間話していました。

676 in front of ～
～の前で[に]

▶ Let's meet **in front of** your house.
あなたの家の前で会いましょう。

677 one day
(過去の)ある日,
(未来の)いつか

▶ **One day**, we went to the mountains.
ある日，私たちは山へ行きました。

678 one of ～
～の１つ，～の１人

▶ You can take **one of** these apples.
これらのリンゴの１つを取っていいですよ。

one of ～ のあとには複数形の名詞がくるよ!

679 right now
今すぐに，たった今

▶ Steven can't come to the phone **right now**.
スティーブンは今すぐに電話に出ることができません。

680 on vacation
休暇中で

▶ Bob is **on vacation** with his family.
ボブは彼の家族と休暇中です。

『5分間テストブック』を解いてみよう！ ➡ 別冊 p.61

59 その他の熟語③

681～690

Step1 絵を見て，チャンツに続けて発音しよう。

681 a member of ～

682 as ～ as ...

683 each other

684 for free

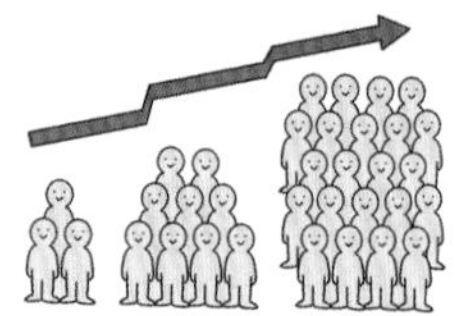

685 more and more

686 on sale

687 at first

688 because of ～

689 by the way

690 on the phone

Step2 つづりと意味を見て，音声を聞こう。

681 **a member of ～**

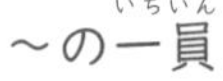

～の一員

▶ He is **a member of** the music club.
彼は音楽部の一員です。

a member of the ～ club
「～部の一員」がよく出るよ！

682 **as ～ as ...**

…と同じくらい～

▶ Ken is **as** strong **as** Bill.
ケンはビルと同じくらい強いです。

683 **each other** おたがい

▶ We can help **each other**.
私たちはおたがい助けあうことができます。

684 **for free** 無料で，ただで

▶ We can have Japanese tea **for free** in this restaurant.
このレストランでは無料で日本茶を飲むことができます。

685 **more and more** ますます多くの

▶ Every year, **more and more** people are traveling to France.
毎年，ますます多くの人々がフランスへ旅行をしています。

686 **on sale** 販売されて，特売で

▶ The tickets are **on sale** now.
そのチケットは今販売されています。

687 **at first** 最初は

▶ **At first**, I didn't like coffee, but now I like it.
最初は私はコーヒーが好きではなかったけれど，今は好きです。

688 **because of ～** ～のために，～の理由で

▶ Charlie can't come to the party **because of** his work.
チャーリーは仕事のためにパーティーへ来ることができません。

689 **by the way** ところで

▶ **By the way**, Helen was looking for you.
ところで，ヘレンがあなたを探していたよ。

会話の問題で，これが出てきたら話題が変わるから注意だよ！

690 **on the phone** 電話で

▶ I talk with my grandparents **on the phone** every day.
私は毎日，電話で祖父母と話します。

『5分間テストブック』を解いてみよう！ ➡ 別冊 p.62

60 その他の熟語④

691〜700

Step1 絵を見て，チャンツに続けて発音しよう。

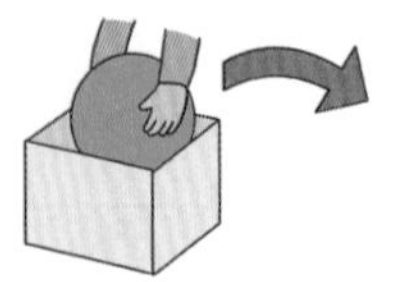
691 out of 〜

692 just around the corner

693 both 〜 and ...

694 how long

695 what kind of 〜

696 on foot

697 at work

698 after school

699 a lot

700 at noon

Step2 つづりと意味を見て，音声を聞こう。

691 **out of 〜** 〜から外へ

▶ He took a notebook **out of** his desk.
彼は机からノートを取り出しました。

692 **just around the corner** ちょうど角を曲がった所に

▶ My house is **just around the corner**.
私の家はちょうど角を曲がった所にあります。

693 **both ~ and ...** ～と…の両方とも

▶ Karen can play **both** the piano **and** the guitar.
カレンはピアノとギターの両方とも弾くことができます。

694 **how long** どれくらい長く

▶ **How long** will you stay here?
あなたはどれくらい長くここに滞在しますか。

ほかにも，値段をたずねる **how much** や，数をたずねる **how many** もおぼえよう！

695 **what kind of ~** どんな種類の～

▶ **What kind of** vegetables do you like?
あなたはどんな種類の野菜が好きですか。

696 **on foot** 歩いて，徒歩で

▶ I go to school **on foot**.
私は歩いて学校へ行きます。

697 **at work** 仕事中で，職場に［で］

▶ My father is **at work** now.
私の父は今仕事中です。

698 **after school** 放課後に

▶ My son has soccer practice **after school**.
私の息子は放課後にサッカーの練習があります。

699 **a lot** たくさん

▶ It is snowing **a lot** today.
今日はたくさん雪が降っています。

700 **at noon** 正午に

▶ Let's have lunch **at noon**.
正午にランチを食べましょう。

『5分間テストブック』を解いてみよう！ ➡ 別冊 p.63

英検TIPS!

当日の持ち物

教室で英検を間近にひかえたケンとアカネが話しているよ。

持ち物チェックリストだよ。本番前日に確認して，✓を入れてね。

- □ 一次受験票
- □ HBの黒えんぴつ，またはシャープペンシル　使い慣れているものが◎。予備も必ず持っていこう!
- □ 消しゴム　消しやすいもの，よく消えるものを選ぼう!
- □ うで時計　会場にあることが多いけれど，近くに置いておくと安心!
- □ うわばき　不要な会場もあるよ。確認しよう。

会話表現40

最後に会話表現を学習するよ!
リスニングや会話文の空所補充問題で頻出!
よく出る40の表現を確実に身につけよう!

会話表現①

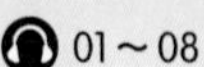
01～08

使われているあいさつでどんな場面なのか判断することができるよ！

1 あいさつ・お礼など

01 出会いのあいさつ

I'm happy to meet you.
あなたに会えてうれしいです。

I'm happy to meet you, too.
私も，あなたにお会いできてうれしいです。

02 感謝の気持ちを伝える

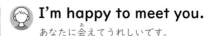

Thank you for coming.
来てくれてありがとう。

You're welcome.
どういたしまして。

03 別れのあいさつ

Have a good day.
よい１日を過ごしてね。

Thank you. You, too.
ありがとうございます。あなたも。

04 別れの一言

Good luck.
幸運を祈っているよ。

Thanks. I'll do my best!
ありがとうございます。全力をつくします！

それぞれの疑問詞からどんな答えがくるか考えてみよう!

2 好きなものをたずねる

05 好きなスポーツを聞く

What kind of sports do you like?
どんなスポーツが好き？

I like soccer.
サッカーが好きだな。

3 感想をたずねる

06 新しい学校の感想をたずねる

How do you like your new school?
新しい学校はどう？

It's great.
すばらしいよ。

07 映画の感想をたずねる

What do you think of the movie?
その映画についてどう思う？

I don't like it.
私は好きじゃないな。

4 命令・依頼

08 寝ている人を起こす

Get up, or you will miss the train!
起きて，さもないと電車に乗り遅れるよ！

Oh, no!
わあ，なんてこった！

会話表現②

だれがどんな命令や依頼をしているのか読み取ろう!

09 写真を撮らないように言う

Don't take pictures here.
ここで写真を撮らないでください。

Oh, sorry.
まあ，ごめんなさい。

10 ペンを貸してくれるように頼む

Can I use your pen?
きみのペンを使ってもいい？

Sure.
もちろん。

11 お願いをする

Could you do me a favor?
お願いを聞いていただけませんか。

Sure. What is it?
もちろんです。何ですか。

5 提案・勧誘

12 買い物に誘う

Shall we go shopping today?
今日，買い物に行かない？

賛同する場合 **That's a good idea!**
それはいい考えだね。

断る場合 **I can't. I'm busy today.**
できないよ。今日は忙しいんだ。

英検の筆記問題やリスニングでよく出る会話表現を紹介します。

イラストで場面を確認しながら，音声を聞こう。

買い物の場面は英検でよく出るよ！

13 困っている人に声をかける

Shall I help you?

お手伝いしましょうか。

お願いする場合 **Yes, please.**

はい，お願いします。

断る場合 **No, thanks.**

いいえ，結構です。

6 買い物

14 サイズがあるか聞く

Do you have a smaller one?

もっと小さいのはありますか。

Just a moment, please.

少々お待ちください。

15 お客さんに声をかける

How can I help you?

いらっしゃいませ。

I’m looking for a red umbrella.

赤い傘を探しています。

16 値段をたずねる

I’ll take this. How much is it?

これにします。 おいくらですか。

It’s 10 dollars.

10ドルです。

会話表現③

17～24

飲食店や買い物の場面では決まった言い方があるよ！
しっかりおぼえて得点アップ！

7 飲食店

17 注文の受け答え

Anything else?
ほかにご注文はございますか。

No, thanks. That's all.
いいえ。それですべてです[結構です]。

18 どこで食べるかを伝える

For here or to go?
こちらでお召し上がりですか，お持ち帰りですか。

For here, please.
ここで食べます。

19 サイズをたずねる

Which size would you like?
どのサイズにいたしますか。

Small, please.
S サイズをください。

20 お客さんに提案する

Would you like coffee?
コーヒーはいかがですか。

もらう場合 **Yes, please.**
はい，お願いします。

断る場合 **No, thank you.**
いいえ，結構です。

英検の筆記問題やリスニングでよく出る会話表現を紹介します。
イラストで場面を確認しながら，音声を聞こう。

相手の状況をたずねることによって，心配している気持ちを表すことができるね！

8 体調・トラブル

21 体調を伝える

I have a cold.
風邪をひいています。

That's too bad.
お気の毒に。

22 友達の体調をたずねる

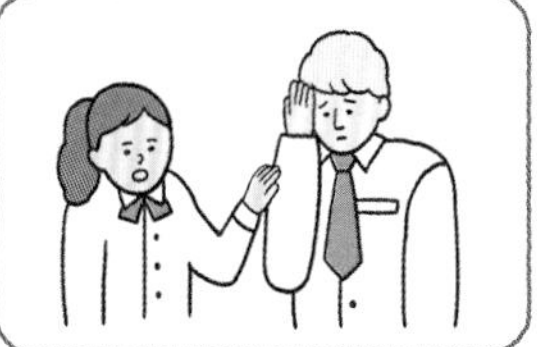

What's wrong with you?
どうしたの？

I feel sick.
気分が悪いんだ。

23 友達の状況をたずねる

What's the problem?
どうしたの？

I lost my key.
かぎをなくしたんだ。

9 電話

24 話す相手がいるかたずねる

Hello, may I speak to Mike?
もしもし，マイクはいらっしゃいますか。

Speaking.
私です。

本人ではない場合 **Just a minute, please.**
少々お待ちください。

会話表現④

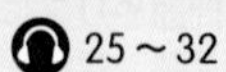

Can I ～?「～しましょうか」という提案の表現もよく出るよ！

25 伝言を残すかたずねる

Can I take a message?
伝言をうかがいましょうか。

Yes, please.
はい，お願いします。

26 伝言を頼む

Can I leave a message?
伝言を頼んでもいいですか。

Sure. Go ahead.
もちろん。どうぞ。

10 道案内

27 駅までの道をたずねる

Excuse me. Could you tell me the way to the station?
すみません。駅までの道を教えていただけますか。

Go straight for two blocks.
2ブロック分まっすぐ進んでください。

28 どの電車に乗ったらいいかたずねる

Which train goes to Baker Station?
ベーカー駅へはどの電車が行きますか。

Take the South Line.
ミナミ線に乗ってください。

英検の筆記問題やリスニングでよく出る会話表現を紹介します。
イラストで場面を確認しながら，音声を聞こう。

天気・高さ・人数などをたずねるときは，**How** で始まる疑問文を使うよ！

29 近くに生花店があるかたずねる

Is there a flower shop near here?
この近くに生花店はありますか。

Yes, it's across the street.
はい，道の向こう側にありますよ。

11 How で始まる疑問文

30 天気をたずねる

How is the weather in London?
ロンドンの天気はどう？

It's rainy.
雨が降ってるよ。

31 高さをたずねる

How tall is your father?
あなたのお父さんはどのくらいの背の高さなの？

He is about 180 centimeters tall.
180 cm ぐらいだよ。

32 人数をたずねる

How many students are there in your class?
あなたのクラスには何人生徒がいるの？

Thirty.
30人です。

会話表現⑤

時間や頻度も **How** を使ってたずねることができるよ！

33 所要時間をたずねる

How long does it take?
どのくらいかかりますか。

About one hour.
およそ1時間です。

34 頻度をたずねる

How often do you go jogging?
どのくらいの頻度でジョギングしますか。

Twice a week.
週に2回です。

12 その他の疑問文

35 寝る時間をたずねる

What time do you go to bed?
何時に寝ますか。

I usually go to bed at ten.
たいてい10時に寝ます。

36 映画の開始時間をたずねる

When will the movie start?
いつその映画は始まるの？

At three o'clock.
3時だよ。

英検の筆記問題やリスニングでよく出る会話表現を紹介します。
イラストで場面を確認しながら，音声を聞こう。

ここで学習する疑問詞はリスニングで頻出！ 音声といっしょにおぼえよう。

37 だれがいすを作ったかをたずねる

Who made this chair?
だれがこのいすを作りましたか。

My father did.
私の父です。

38 持ち主をたずねる

Whose watch is this?
この時計はだれの？

It's my sister's.
ぼくの妹[姉]のものだよ。

39 場所をたずねる

Where are you going?
どこへ行くの？

To the supermarket.
スーパーへ行くよ。

40 理由をたずねる

Why did you go to bed late?
どうして遅く寝たのですか。

Because I had to do my homework.
宿題をしなくてはいけなかったからです。

さくいん

数字は見出し語の番号だよ。

A・B

C・D

E・F

G・H

I・J・K

L・M・N

T

U・V・W

Y・Z

さくいん 

A・B・C

E・F・G

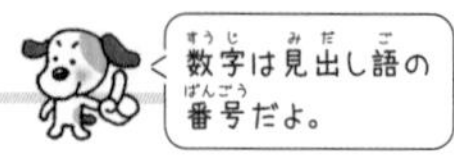

H・I・J

L・M・N・O・P

R・S・T

W・Y

わかるにかえる！

5分間 テストブック 4級

すべての単語・熟語の確認問題があるよ！

単語帳で学習したあとに、赤シートを使って問題をとこう。

BUNRI

もくじ

CONTENTS

このテストブックは，
単語帳１単元２ページに対し，１ページで対応しています。

単語帳　テストブック

テストブックには，**単語帳に載っているすべての単語・熟語の問題**が掲載されています。 赤シートを使って定着を確認し，**おぼえていなかった単語・熟語**のチェックらん（□）に✓を入れましょう。 単語帳にもどって見直しをすると，より効果的です。

取り外して
スキマ時間にも
使ってね！

学習記録表

テストの結果を記録しよう!

- チェックの数が2つ以下の場合→ 「よくできた」にチェック
- チェックの数が3つ～5つの場合→ 「できた」にチェック
- チェックの数が6つ以上の場合→ 「もう少し」にチェック

単元	よくできた	できた	もう少し
例	✓		
1			
2			
3			
4			
5			
6			
7			
8			
9			
10			
11			
12			
13			

単元	よくできた	できた	もう少し
14			
15			
16			
17			
18			
19			
20			
21			
22			
23			
24			
25			
26			
27			

「もう少し」にチェックが入った単元は
しっかり見直ししようね！

単元	よくできた	できた	もう少し
28			
29			
30			
31			
32			
33			
34			
35			
36			
37			
38			
39			
40			
41			
42			
43			
44			

単元	よくできた	できた	もう少し
45			
46			
47			
48			
49			
50			
51			
52			
53			
54			
55			
56			
57			
58			
59			
60			

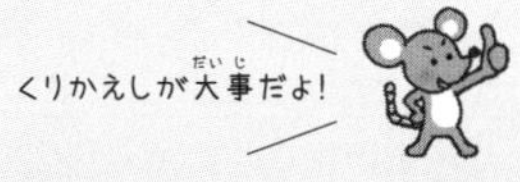

1 家の中①

1 次の絵を表す単語をおぼえているか確認しましょう。思い浮かべられなかった単語にチェックを入れましょう。

□(1)  dog

□(2) 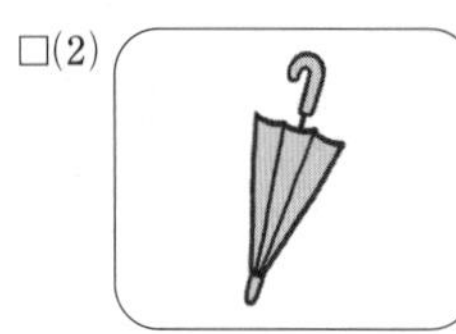 umbrella

□(3) 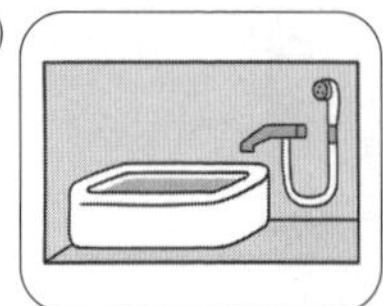 bathroom

□(4)  bedroom

□(5)  doghouse

□(6) 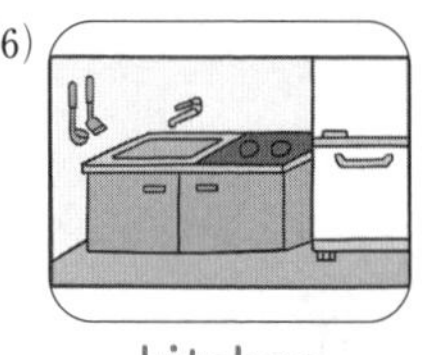 kitchen

★ kitchen ★ bathroom ★ umbrella ★ bedroom ★ doghouse ★ dog

2 次の日本語の意味を表す英語をおぼえているか確認しましょう。思い浮かべられなかった単語にチェックを入れましょう。

□(1) 門 gate

□(2) 部屋 room

□(3) 庭 garden

□(4) 風呂に入る take a bath

□(5) 家に at home

□(6) シャワーを浴びる take a shower

★ shower ★ bath ★ gate ★ home ★ garden ★ room

おぼえていなかった単語は**単語帳 12 ページ**にもどって，もういちど確認しよう。

2 家の中②

1 次の絵を表す単語をおぼえているか確認しましょう。思い浮かべられなかった単語にチェックを入れましょう。

□(1)

hamster

□(2)

poster

□(3)

magazine

□(4)

radio

□(5)

newspaper

□(6)

rose

★ radio ★ newspaper ★ hamster ★ poster
★ rose ★ magazine

2 次の日本語の意味を表す英語をおぼえているか確認しましょう。思い浮かべられなかった単語にチェックを入れましょう。

□(1) テレビゲーム　video game

□(2) ソファー　sofa

□(3) 皿　dish

□(4) テーブル　table

□(5) ペットを飼っている　have a pet

□(6) コップ1杯のジュース　a glass of juice

★ glass ★ pet ★ dish ★ table
★ sofa ★ video game

おぼえていなかった単語は**単語帳 14 ページ**にもどって，もういちど確認しよう。

3 家の中③

1 次の絵を表す単語をおぼえているか確認しましょう。思い浮かべられなかった単語にチェックを入れましょう。

□(1)

clock

□(2)

toy

□(3)

racket

□(4)

calendar

□(5)

card

□(6)

computer

★ clock ★ racket ★ computer ★ card ★ toy ★ calendar

2 次の日本語の意味を表す英語をおぼえているか確認しましょう。思い浮かべられなかった単語にチェックを入れましょう。

□(1) ニュース　news
□(2) 情報　information
□(3) 机　desk
□(4) 生活　life
□(5) インターネットで　on the Internet
□(6) 壁に　on the wall

★ desk ★ Internet ★ information ★ news ★ wall ★ life

おぼえていなかった単語は**単語帳 16 ページ**にもどって，もういちど確認しよう。

4 家の中④

1 次の絵を表す単語をおぼえているか確認しましょう。思い浮かべられなかった単語にチェックを入れましょう。

□(1) 
key

□(2) 
postcard

□(3) 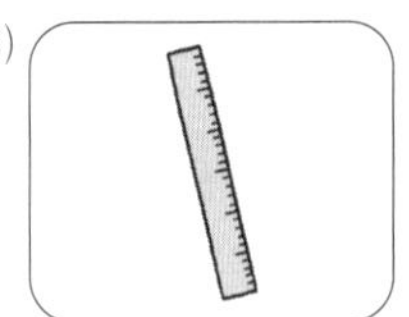
ruler

□(4) 
camera

□(5) 
photo

□(6) 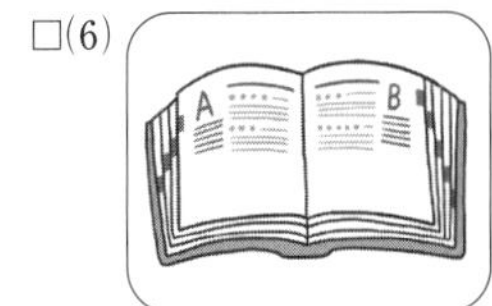
dictionary

ヒント
★ camera ★ ruler ★ dictionary ★ key
★ postcard ★ photo

2 次の日本語の意味を表す英語をおぼえているか確認しましょう。思い浮かべられなかった単語にチェックを入れましょう。

□(1) お金 money
□(2) 紙 paper
□(3) さいふ wallet
□(4) 漫画本 comic
□(5) ノート notebook
□(6) 絵を描く draw a picture

ヒント
★ comic ★ notebook ★ paper ★ wallet
★ money ★ picture

おぼえていなかった単語は**単語帳 18 ページ**にもどって，もういちど確認しよう。

5 家の中⑤

1 次の絵を表す単語をおぼえているか確認しましょう。思い浮かべられなかった単語にチェックを入れましょう。

□(1) album
□(2) brush
□(3) puzzle
□(4) ring
□(5) phone
□(6) stamp

★ puzzle ★ brush ★ album ★ phone ★ ring ★ stamp

2 次の日本語の意味を表す英語をおぼえているか確認しましょう。思い浮かべられなかった単語にチェックを入れましょう。

□(1) E メール　e-mail
□(2) 宿題　homework
□(3) 教科書　textbook
□(4) 手紙　letter
□(5) 消しゴム　eraser
□(6) (本の)ページ　page

★ e-mail ★ page ★ eraser ★ letter ★ homework ★ textbook

▷ おぼえていなかった単語は**単語帳 20 ページ**にもどって，もういちど確認しよう。

6 町の中①

1 次の絵を表す単語をおぼえているか確認しましょう。思い浮かべられなかった単語にチェックを入れましょう。

□(1)  car

□(2) 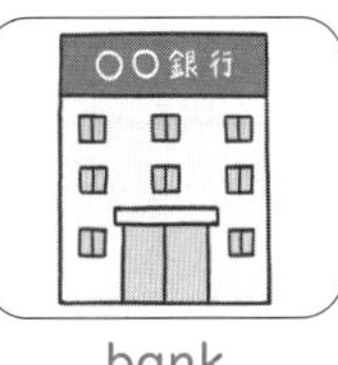

bank

□(3)  restaurant

★ bank ★ car ★ restaurant

2 次の日本語の意味を表す英語をおぼえているか確認しましょう。思い浮かべられなかった単語にチェックを入れましょう。

□(1) 動物園 zoo

□(2) 大学 university

□(3) タクシー taxi

□(4) 列車 train

□(5) 単科大学 college

□(6) 人々 people

□(7) 場所 place

□(8) 駅で at the station

□(9) バスで by bus

★ place ★ station ★ train ★ people ★ college ★ bus ★ university ★ zoo ★ taxi

おぼえていなかった単語は**単語帳 22 ページ**にもどって，もういちど確認しよう。

7 町の中②

1 次の絵を表す単語をおぼえているか確認しましょう。思い浮かべられなかった単語にチェックを入れましょう。

□(1)

café

□(2)
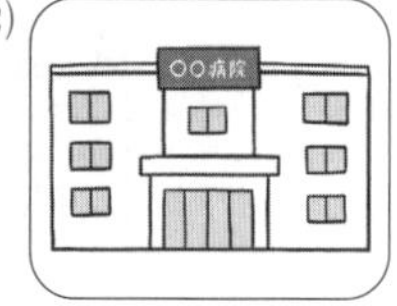

hospital

□(3)

museum

□(4)

ship

□(5)

bookstore

□(6)

boat

★ hospital ★ ship ★ café ★ museum ★ boat ★ bookstore

2 次の日本語の意味を表す英語をおぼえているか確認しましょう。思い浮かべられなかった単語にチェックを入れましょう。

□(1) 店 store

□(2) 自転車で by bicycle

□(3) アパート apartment

□(4) 事務所 office

□(5) 町 town

□(6) 建物 building

★ apartment ★ office ★ store ★ building
★ bicycle ★ town

おぼえていなかった単語は**単語帳 24 ページ**にもどって，もういちど確認しよう。

8 町の中③

1 次の絵を表す単語をおぼえているか確認しましょう。思い浮かべられなかった単語にチェックを入れましょう。

□(1)

stadium

□(2)

theater

□(3)

hotel

□(4)

supermarket

□(5)

front

□(6)

end

★ stadium ★ supermarket ★ hotel
★ end ★ front ★ theater

2 次の日本語の意味を表す英語をおぼえているか確認しましょう。思い浮かべられなかった単語にチェックを入れましょう。

□(1) 通り　street
□(2) 地図　map
□(3) 公園　park
□(4) ショッピングセンター　shopping center
□(5) 病院への道　the way to the hospital
□(6) 次の曲がり角で　at the next corner

★ park ★ center ★ map ★ corner ★ street ★ way

おぼえていなかった単語は**単語帳26ページ**にもどって，もういちど確認しよう。

9 職業

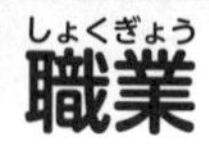

1 次の絵を表す単語をおぼえているか確認しましょう。思い浮かべられなかった単語にチェックを入れましょう。

□(1)

teacher

□(2)

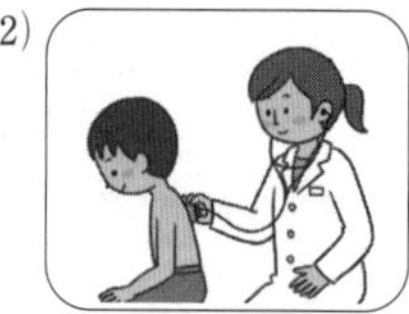

doctor

□(3)

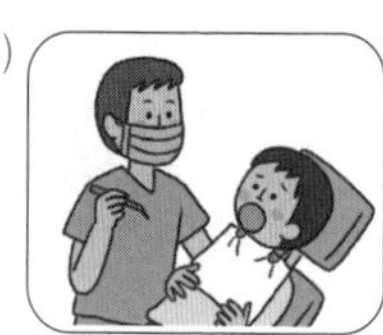

dentist

□(4)

pilot

□(5)

actor

□(6)

singer

★ doctor ★ pilot ★ singer ★ dentist ★ teacher ★ actor

2 次の日本語の意味を表す英語をおぼえているか確認しましょう。思い浮かべられなかった単語にチェックを入れましょう。

□(1) 仕事 job

□(2) 夢 dream

□(3) コーチ coach

□(4) 作家 writer

□(5) 芸術家 artist

□(6) 将来に in the future

★ artist ★ coach ★ job ★ writer ★ dream ★ future

おぼえていなかった単語は**単語帳 28 ページ**にもどって，もういちど確認しよう。

10 家族・人

1 次の絵を表す単語をおぼえているか確認しましょう。思い浮かべられなかった単語にチェックを入れましょう。

□(1) 

woman

□(2) 

man

□(3) 

grandparents

□(4) 

wife

□(5) 

grandfather

□(6) 

grandmother

★ grandfather ★ wife ★ grandmother
★ grandparents ★ man ★ woman

2 次の日本語の意味を表す英語をおぼえているか確認しましょう。思い浮かべられなかった単語にチェックを入れましょう。

□(1) 夫 husband

□(2) いとこ cousin

□(3) おば aunt

□(4) 娘 daughter

□(5) おじ uncle

□(6) 息子 son

★ cousin ★ son ★ aunt ★ daughter ★ husband ★ uncle

おぼえていなかった単語は**単語帳 30 ページ**にもどって，もういちど確認しよう。

11 旅行

1 次の絵を表す単語をおぼえているか確認しましょう。思い浮かべられなかった単語にチェックを入れましょう。

□(1)

passport

□(2)

travel

□(3)

parent

★ parent ★ passport ★ travel

2 次の日本語の意味を表す英語をおぼえているか確認しましょう。思い浮かべられなかった単語にチェックを入れましょう。

□(1) 飛行機 airplane

□(2) 座席 seat

□(3) 空港 airport

□(4) 切符 ticket

□(5) 旅行 trip

□(6) 赤ちゃん baby

□(7) 伝言 message

□(8) スーツケース suitcase

□(9) 観光地 sightseeing places

★ seat ★ baby ★ sightseeing ★ airplane ★ ticket
★ trip ★ message ★ airport ★ suitcase

おぼえていなかった単語は**単語帳 32 ページ**にもどって，もういちど確認しよう。

12 休日①

1 次の絵を表す単語をおぼえているか確認しましょう。思い浮かべられなかった単語にチェックを入れましょう。

□(1)
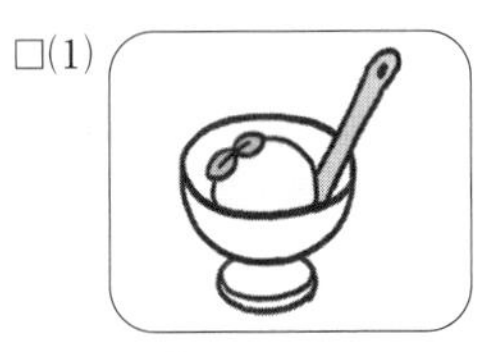
ice cream

□(2)

juice

□(3)
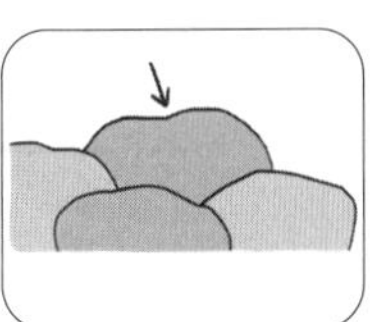
rock

□(4)
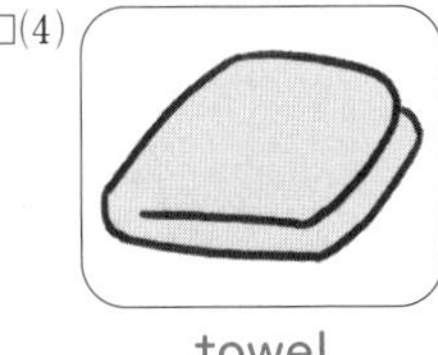
towel

□(5)

cloud

□(6)

turtle

★ cloud ★ ice cream ★ turtle ★ towel ★ rock ★ juice

2 次の日本語の意味を表す英語をおぼえているか確認しましょう。思い浮かべられなかった単語にチェックを入れましょう。

□(1) 空 sky

□(2) 浜 beach

□(3) 祝日 holiday

□(4) 海 sea

□(5) 大洋 the ocean

□(6) 休暇で on vacation

★ sky ★ beach ★ ocean ★ vacation ★ holiday ★ sea

おぼえていなかった単語は**単語帳 34 ページ**にもどって，もういちど確認しよう。

13 休日②

1 次の絵を表す単語をおぼえているか確認しましょう。思い浮かべられなかった単語にチェックを入れましょう。

□(1) candy　□(2) doughnut　□(3) chocolate

□(4) strawberry　□(5) pizza　□(6) snack

★ candy　★ chocolate　★ doughnut　★ pizza
★ snack　★ strawberry

2 次の日本語の意味を表す英語をおぼえているか確認しましょう。思い浮かべられなかった単語にチェックを入れましょう。

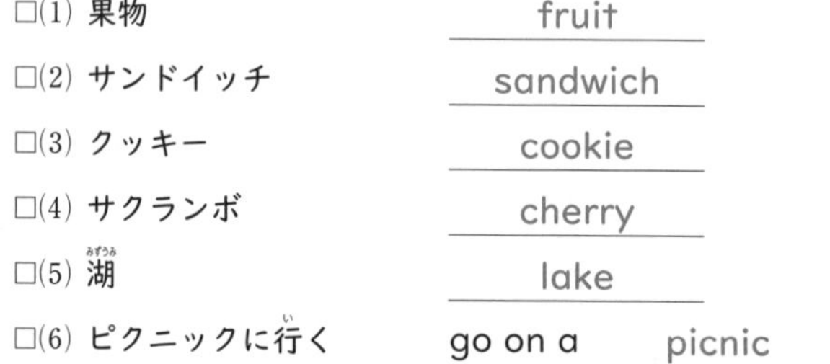

□(1) 果物　fruit

□(2) サンドイッチ　sandwich

□(3) クッキー　cookie

□(4) サクランボ　cherry

□(5) 湖　lake

□(6) ピクニックに行く　go on a picnic

★ cookie　★ cherry　★ picnic　★ fruit　★ lake　★ sandwich

おぼえていなかった単語は**単語帳 36 ページ**にもどって，もういちど確認しよう。

14 行事(ぎょうじ)

1 次(つぎ)の絵(え)を表(あらわ)す単語(たんご)をおぼえているか確認(かくにん)しましょう。思(おも)い浮(う)かべられなかった単語(たんご)にチェックを入(い)れましょう。

□(1)

dress

□(2)

star

□(3)

wedding

□(4)

present

□(5)

guitar

□(6)

sound

★ wedding ★ sound ★ star ★ dress ★ present ★ guitar

2 次(つぎ)の日本語(にほんご)の意味(いみ)を表(あらわ)す英語(えいご)をおぼえているか確認(かくにん)しましょう。思(おも)い浮(う)かべられなかった単語(たんご)にチェックを入(い)れましょう。

□(1) ドラム　drum

□(2) クリスマス　Christmas

□(3) 楽団(がくだん)　band

□(4) 楽(たの)しみ　fun

□(5) 誕生日(たんじょうび)　birthday

□(6) パーティーをする　have a party

★ band ★ fun ★ birthday ★ party ★ drum ★ Christmas

おぼえていなかった単語(たんご)は**単語帳(たんごちょう) 38 ページ**にもどって，もういちど確認(かくにん)しよう。

15 自然

1 次の絵を表す単語をおぼえているか確認しましょう。思い浮かべられなかった単語にチェックを入れましょう。

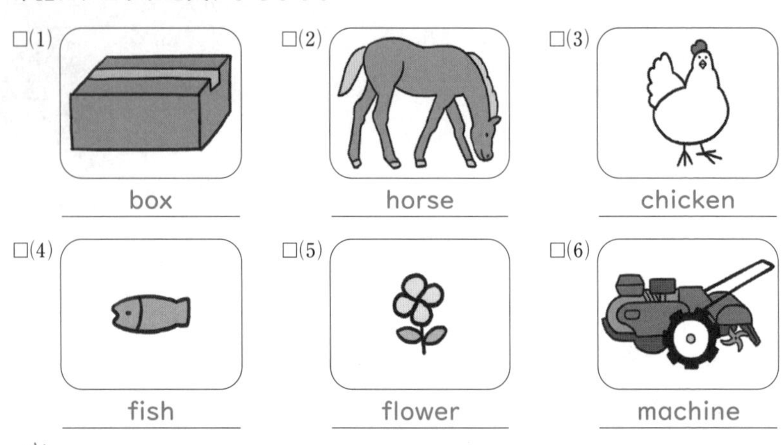

□(1) box

□(2) horse

□(3) chicken

□(4) fish

□(5) flower

□(6) machine

★ chicken ★ horse ★ machine ★ fish ★ box ★ flower

2 次の日本語の意味を表す英語をおぼえているか確認しましょう。思い浮かべられなかった単語にチェックを入れましょう。

□(1) 動物 animal

□(2) 農場 farm

□(3) 山 mountain

□(4) 風 wind

□(5) 川 river

□(6) 野菜 vegetable

★ river ★ wind ★ farm ★ animal ★ vegetable ★ mountain

▷ おぼえていなかった単語は**単語帳 40 ページ**にもどって，もういちど確認しよう。

16 買い物

1 次の絵を表す単語をおぼえているか確認しましょう。思い浮かべられなかった単語にチェックを入れましょう。

□(1)
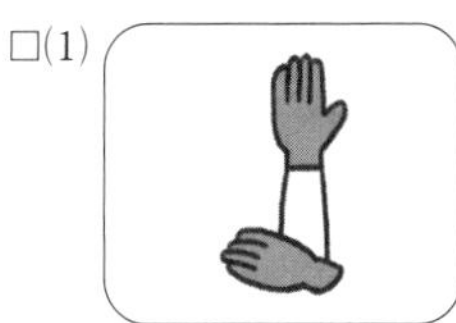
gloves

□(2)

jacket

□(3)

shirt

□(4)

coat

□(5)
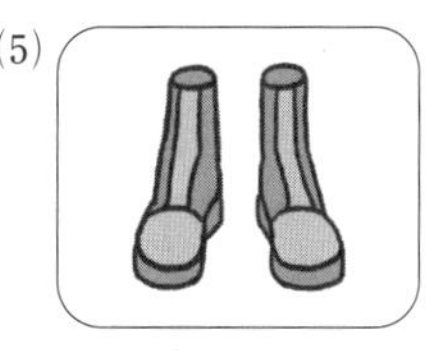
boots

□(6)

shoes

★ jacket ★ coat ★ gloves ★ shoes ★ shirt ★ boots

2 次の日本語の意味を表す英語をおぼえているか確認しましょう。思い浮かべられなかった単語にチェックを入れましょう。

□(1) セール　sale

□(2) 衣服　clothes

□(3) (服・くつなどの)サイズ　size

□(4) セーター　sweater

□(5) ネクタイ　tie

□(6) 買い物に行く　go shopping

★ sale ★ sweater ★ clothes ★ size ★ shopping ★ tie

おぼえていなかった単語は**単語帳 42 ページ**にもどって，もういちど確認しよう。

17 食べ物など①

1 次の絵を表す単語をおぼえているか確認しましょう。思い浮かべられなかった単語にチェックを入れましょう。

★ water ★ noodle ★ soup ★ salad ★ bread ★ rice

2 次の日本語の意味を表す英語をおぼえているか確認しましょう。思い浮かべられなかった単語にチェックを入れましょう。

□(1) 昼食　lunch

□(2) 朝食　breakfast

□(3) 夕食　dinner

□(4) トースト　toast

□(5) ステーキ　steak

□(6) バター　butter

★ lunch ★ butter ★ toast ★ steak ★ breakfast ★ dinner

▷ おぼえていなかった単語は**単語帳 44 ページ**にもどって，もういちど確認しよう。

18 食べ物など②

1 次の絵を表す単語をおぼえているか確認しましょう。思い浮かべられなかった単語にチェックを入れましょう。

□(1)

pancake

□(2)

coffee

□(3)

hamburger

□(4)

pie

□(5)

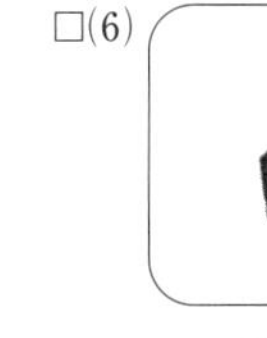

beef

□(6)

cheese

★ hamburger ★ coffee ★ cheese ★ beef ★ pie ★ pancake

2 次の日本語の意味を表す英語をおぼえているか確認しましょう。思い浮かべられなかった単語にチェックを入れましょう。

□(1) スパゲッティ　spaghetti

□(2) ソーセージ　sausage

□(3) 食べ物　food

□(4) デザート　dessert

□(5) カフェテリア　cafeteria

□(6) メニューにある　on the menu

★ sausage ★ cafeteria ★ dessert ★ menu ★ food ★ spaghetti

おぼえていなかった単語は**単語帳 46 ページ**にもどって，もういちど確認しよう。

19 学校①

1 次の単語の意味を選びましょう。わからなかったものにはチェックを入れましょう。

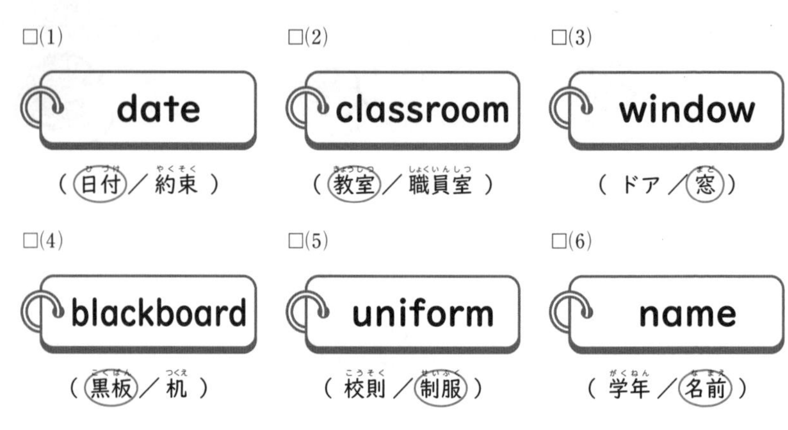

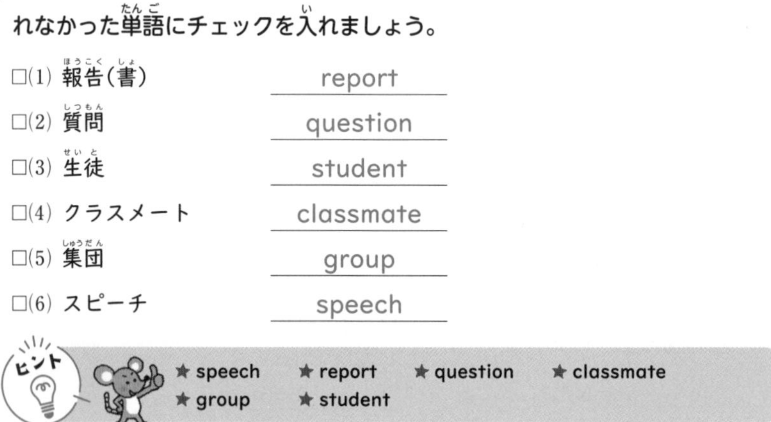

2 次の日本語の意味を表す英語をおぼえているか確認しましょう。思い浮かべられなかった単語にチェックを入れましょう。

□(1) 報告(書)　report

□(2) 質問　question

□(3) 生徒　student

□(4) クラスメート　classmate

□(5) 集団　group

□(6) スピーチ　speech

ヒント
★ speech　★ report　★ question　★ classmate
★ group　★ student

おぼえていなかった単語は**単語帳 48 ページ**にもどって，もういちど確認しよう。

20 学校②

1 次の単語の意味を選びましょう。わからなかったものにはチェックを入れましょう。

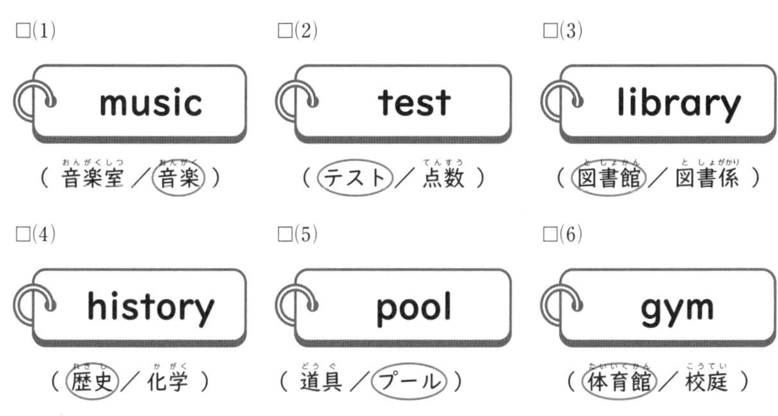

□(1) music（ 音楽室 ／ 音楽 ）

□(2) test（ テスト ／ 点数 ）

□(3) library（ 図書館 ／ 図書係 ）

□(4) history（ 歴史 ／ 化学 ）

□(5) pool（ 道具 ／ プール ）

□(6) gym（ 体育館 ／ 校庭 ）

2 次の日本語の意味を表す英語をおぼえているか確認しましょう。思い浮かべられなかった単語にチェックを入れましょう。

□(1) 理科　science

□(2) 教科　subject

□(3) ホール　hall

□(4) 昼食時間　lunchtime

□(5) 数学　math

□(6) 2階で　on the second floor

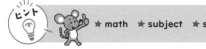

★ math　★ subject　★ science　★ floor　★ hall　★ lunchtime

おぼえていなかった単語は**単語帳 50 ページ**にもどって，もういちど確認しよう。

21 学校③

1 次の単語の意味を選びましょう。わからなかったものにはチェックを入れましょう。

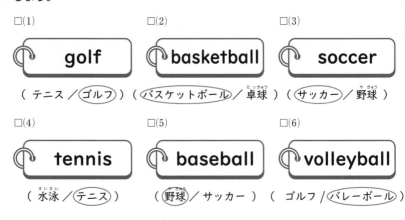

□(1) golf
（ テニス ／ ゴルフ ）

□(2) basketball
（ バスケットボール ／ 卓球 ）

□(3) soccer
（ サッカー ／ 野球 ）

□(4) tennis
（ 水泳 ／ テニス ）

□(5) baseball
（ 野球 ／ サッカー ）

□(6) volleyball
（ ゴルフ ／ バレーボール ）

2 次の日本語の意味を表す英語をおぼえているか確認しましょう。思い浮かべられなかった単語にチェックを入れましょう。

□(1) 美術 art

□(2) バドミントン badminton

□(3) 会 meeting

□(4) 野球チームで on the baseball team

□(5) 音楽クラブで in the music club

□(6) スポーツをする play sports

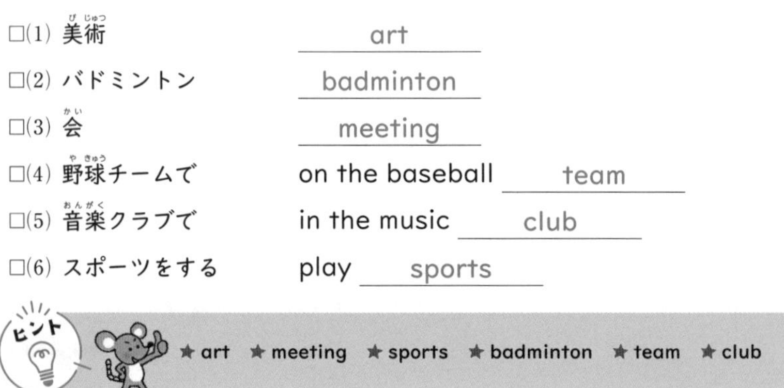

おぼえていなかった単語は**単語帳 52 ページ**にもどって，もういちど確認しよう。

22 学校④

1 次の単語の意味を選びましょう。わからなかったものにはチェックを入れましょう。

□(1) **number**
(時計 ／ 数)

□(2) **grade**
(成績 ／ 試験)

□(3) **class**
(クラス ／ 席)

□(4) **prize**
(賞 ／ テスト)

□(5) **goal**
(ゴール ／ スタート)

□(6) **match**
(列 ／ 試合)

2 次の日本語の意味を表す英語をおぼえているか確認しましょう。思い浮かべられなかった単語にチェックを入れましょう。

□(1) 授業　lesson
□(2) 競技会　contest
□(3) 進路　course
□(4) 練習　practice
□(5) 選手　player
□(6) このクラブの一員　a member of this club

ヒント
★ player　★ lesson　★ course　★ contest　★ member
★ practice

おぼえていなかった単語は**単語帳 54 ページ**にもどって，もういちど確認しよう。

23 趣味・娯楽

1 次の絵を表す単語をおぼえているか確認しましょう。思い浮かべられなかった単語にチェックを入れましょう。

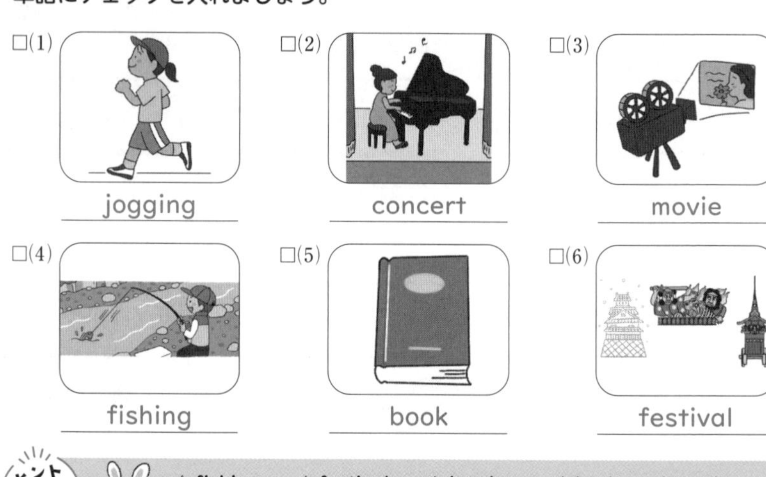

□(1) jogging
□(2) concert
□(3) movie
□(4) fishing
□(5) book
□(6) festival

ヒント ★ fishing ★ festival ★ jogging ★ book ★ movie ★ concert

2 次の日本語の意味を表す英語をおぼえているか確認しましょう。思い浮かべられなかった単語にチェックを入れましょう。

□(1) レース　race
□(2) 喜劇　comedy
□(3) 趣味　hobby
□(4) ミュージカル　musical
□(5) ハイキングに行く　go hiking
□(6) コンピューターゲームをする　play a computer game

ヒント ★ hiking ★ game ★ comedy ★ musical ★ hobby ★ race

おぼえていなかった単語は単語帳56ページにもどって，もういちど確認しよう。

24 世界①

1 次の単語の意味を選びましょう。わからなかったものにはチェックを入れましょう。

□(1) London
(ロンドン / イギリス)

□(2) Australia
(アメリカ / オーストラリア)

□(3) Canada
(カナダ / 中国)

□(4) India
(イタリア / インド)

□(5) Mexico
(メキシコ / マレーシア)

□(6) China
(インド / 中国)

2 次の日本語の意味を表す英語をおぼえているか確認しましょう。思い浮かべられなかった単語にチェックを入れましょう。

□(1) 国 country

□(2) フランス France

□(3) イングランド England

□(4) イタリア Italy

□(5) スペイン Spain

□(6) 日本 Japan

★ Spain ★ Japan ★ France ★ England ★ Italy ★ country

おぼえていなかった単語は**単語帳 58 ページ**にもどって，もういちど確認しよう。

25 世界②

1 次の絵を表す単語をおぼえているか確認しましょう。思い浮かべられなかった単語にチェックを入れましょう。

□(1) フランス語　French

□(2)　English

□(3) 中国語　Chinese

□(4)　language

□(5)　Japanese

□(6) イタリア語　Italian

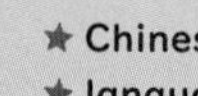

★ Chinese　★ English　★ Italian　★ Japanese
★ language　★ French

2 次の日本語の意味を表す英語をおぼえているか確認しましょう。思い浮かべられなかった単語にチェックを入れましょう。

□(1) 都市　city

□(2) 世界　world

□(3) アフリカ　Africa

□(4) ニューヨーク　New York

□(5) ハワイ州　Hawaii

□(6) アメリカ(合衆国)　America

★ Africa　★ New York　★ world　★ Hawaii　★ America
★ city

▷ おぼえていなかった単語は**単語帳 60 ページ**にもどって，もういちど確認しよう。

26 時間

1 次の単語の意味を選びましょう。わからなかったものにはチェックを入れましょう。

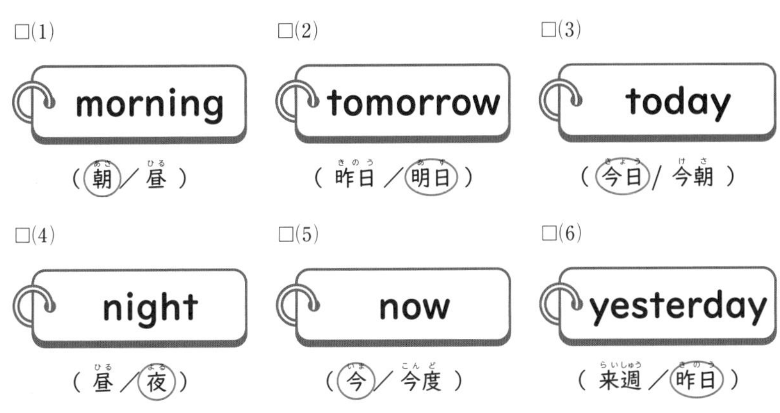

2 次の日本語の意味を表す英語をおぼえているか確認しましょう。思い浮かべられなかった単語にチェックを入れましょう。

□(1) 週　week

□(2) 午後　afternoon

□(3) 今夜　tonight

□(4) 年　year

□(5) (年月の)月　month

□(6) 日　day

★ day ★ week ★ year ★ month ★ tonight ★ afternoon

おぼえていなかった単語は**単語帳 62 ページ**にもどって，もういちど確認しよう。

27 単位・天候・季節

1 次の単語の意味を選びましょう。わからなかったものにはチェックを入れましょう。

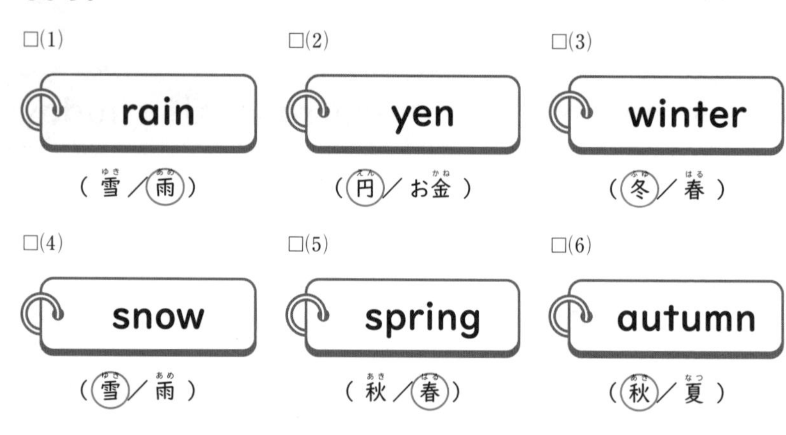

□(1) rain (雪 ／ **雨**)

□(2) yen (**円** ／ お金)

□(3) winter (**冬** ／ 春)

□(4) snow (**雪** ／ 雨)

□(5) spring (秋 ／ **春**)

□(6) autumn (**秋** ／ 夏)

2 次の日本語の意味を表す英語をおぼえているか確認しましょう。思い浮かべられなかった単語にチェックを入れましょう。

□(1) ドル　dollar

□(2) (時間を表して)分　minute

□(3) 天気　weather

□(4) 1時間　hour

□(5) 夏　summer

□(6) 季節　season

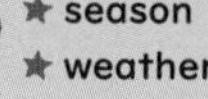

★ season　★ minute　★ hour　★ dollar　★ summer　★ weather

おぼえていなかった単語は**単語帳 64 ページ**にもどって，もういちど確認しよう。

28 その他①

1 次の単語の意味を選びましょう。わからなかったものにはチェックを入れましょう。

□(1) kind
（ 色 ／ 種類 ）

□(2) copy
（ コピー ／ 値段 ）

□(3) part
（ レポート ／ 部分 ）

□(4) story
（ 物語 ／ 番組 ）

□(5) plan
（ 計算 ／ 計画 ）

□(6) idea
（ 成績 ／ 考え ）

2 次の日本語の意味を表す英語をおぼえているか確認しましょう。思い浮かべられなかった単語にチェックを入れましょう。

□(1) 計画，事業　project

□(2) 語　word

□(3) 物　thing

□(4) 問題　problem

□(5) テレビ番組　a TV program

□(6) 1つの例を示してください。　Show me an example.

ヒント
★ word　★ example　★ program　★ problem　★ thing　★ project

おぼえていなかった単語は**単語帳66ページ**にもどって，もういちど確認しよう。

29 その他② ・代名詞

1 次の単語の意味を選びましょう。わからなかったものにはチェックを入れましょう。

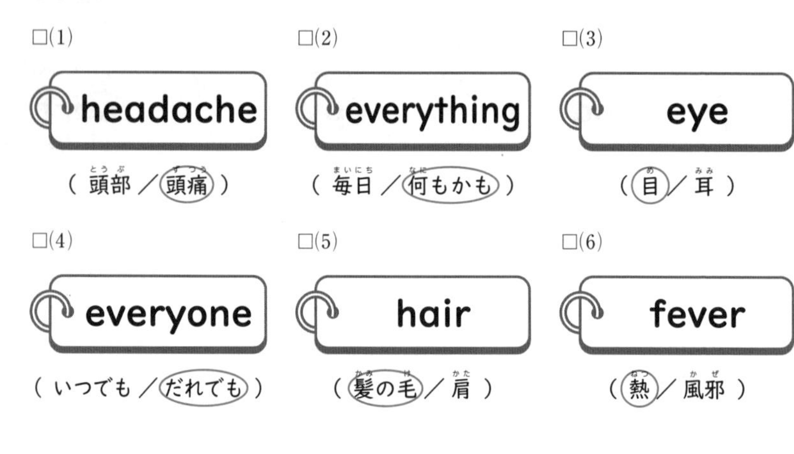

□(1) headache
(頭部 ／ 頭痛)

□(2) everything
(毎日 ／ 何もかも)

□(3) eye
(目 ／ 耳)

□(4) everyone
(いつでも ／ だれでも)

□(5) hair
(髪の毛 ／ 肩)

□(6) fever
(熱 ／ 風邪)

2 次の日本語の意味を表す英語をおぼえているか確認しましょう。思い浮かべられなかった単語にチェックを入れましょう。

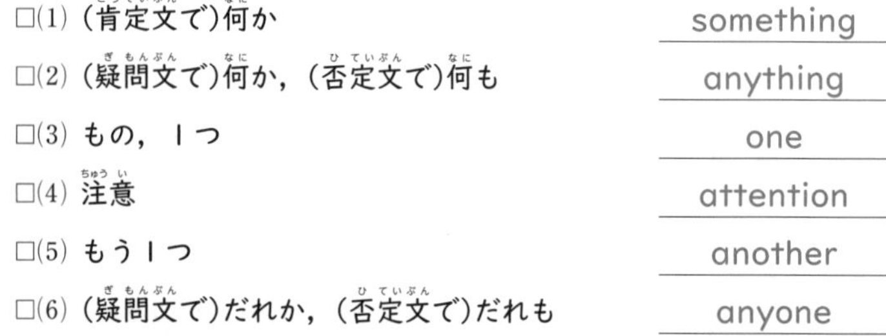

□(1) (肯定文で)何か　something

□(2) (疑問文で)何か，(否定文で)何も　anything

□(3) もの，１つ　one

□(4) 注意　attention

□(5) もう１つ　another

□(6) (疑問文で)だれか，(否定文で)だれも　anyone

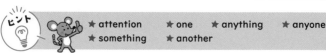

★ attention　★ one　★ anything　★ anyone
★ something　★ another

おぼえていなかった単語は**単語帳 68 ページ**にもどって，もういちど確認しよう。

30 動詞(どうし)①

1 次(つぎ)の絵(え)を表(あらわ)す単語(たんご)をおぼえているか確認(かくにん)しましょう。思(おも)い浮(う)かべられなかった単語(たんご)にチェックを入(い)れましょう。

□(1)

like

□(2)

understand

□(3)

hope

□(4)

remember

□(5)

feel

□(6)

miss

★ like ★ miss ★ hope ★ feel ★ understand ★ remember

2 次(つぎ)の日本語(にほんご)の意味(いみ)を表(あらわ)す英語(えいご)をおぼえているか確認(かくにん)しましょう。思(おも)い浮(う)かべられなかった単語(たんご)にチェックを入(い)れましょう。

□(1) おたがいを愛(あい)する　love each other
□(2) あなたの助(たす)けを必要(ひつよう)とする　need your help
□(3) 食(た)べたい　want to eat
□(4) 彼(かれ)のことをよく知(し)っている　know him well
□(5) どう思(おも)いますか。　What do you think ?
□(6) すみません。　Excuse me.

★ need ★ love ★ know ★ think ★ excuse ★ want

おぼえていなかった単語(たんご)は**単語帳(たんごちょう) 70 ページ**にもどって，もういちど確認(かくにん)しよう。

31 動詞②

1 次の絵を表す単語をおぼえているか確認しましょう。思い浮かべられなかった単語にチェックを入れましょう。

□(1) 
skate

□(2) 
ski

□(3) 
dance

□(4) 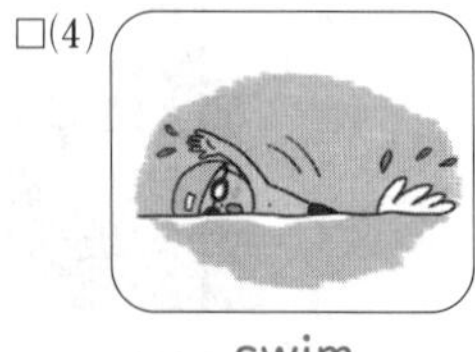
swim

□(5) 
run

□(6) 
walk

★ walk ★ swim ★ skate ★ ski ★ run ★ dance

2 次の日本語の意味を表す英語をおぼえているか確認しましょう。思い浮かべられなかった単語にチェックを入れましょう。

□(1) パンを焼く　bake bread
□(2) 夕食を料理する　cook dinner
□(3) ケーキを作る　make cakes
□(4) ピザを注文する　order a pizza
□(5) 紅茶を飲む　drink tea
□(6) アイスクリームを食べる　eat ice cream

★ cook ★ drink ★ eat ★ order ★ make ★ bake

おぼえていなかった単語は**単語帳 72 ページ**にもどって，もういちど確認しよう。

32 動詞③

1 次の絵を表す単語をおぼえているか確認しましょう。思い浮かべられなかった単語にチェックを入れましょう。

□(1)  climb

□(2)  wash

□(3) 

read

□(4)  paint

□(5)  clean

□(6) 

study

ヒント ★study ★read ★clean ★climb ★wash ★paint

2 次の日本語の意味を表す英語をおぼえているか確認しましょう。思い浮かべられなかった単語にチェックを入れましょう。

□(1) オフィスで働く　work in an office

□(2) フランスへ引っ越す　move to France

□(3) 線を引く　draw lines

□(4) 英語を学ぶ　learn English

□(5) 数学を教える　teach math

□(6) おじを助ける　help my uncle

ヒント ★learn ★work ★help ★teach ★draw ★move

おぼえていなかった単語は**単語帳 74 ページ**にもどって，もういちど確認しよう。

33 動詞④

1 次の絵を表す単語をおぼえているか確認しましょう。思い浮かべられなかった単語にチェックを入れましょう。

□(1) show　□(2) speak　□(3) meet

□(4) watch　□(5) write　□(6) listen

ヒント　★ listen　★ watch　★ meet　★ show　★ write　★ speak

2 次の日本語の意味を表す英語をおぼえているか確認しましょう。思い浮かべられなかった単語にチェックを入れましょう。

□(1) スミスさんについて聞く　hear about Mr. Smith

□(2) 友人に会う　see my friend

□(3) ホワイトさんと話す　talk to Mr. White

□(4) 彼に私の名前を言う　tell him my name

□(5) あの花を見る　look at that flower

□(6) ピーターに何を言いましたか。　What did you say to Peter?

ヒント　★ talk　★ hear　★ look　★ say　★ see　★ tell

▷ おぼえていなかった単語は**単語帳 76 ページ**にもどって，もういちど確認しよう。

34 動詞⑤

1 次の絵を表す単語をおぼえているか確認しましょう。思い浮かべられなかった単語にチェックを入れましょう。

□(1)

stand

□(2)
begin

□(3)

go

□(4)

buy

□(5)

sit

□(6)

come

ヒント ★sit ★go ★buy ★come ★stand ★begin

2 次の日本語の意味を表す英語をおぼえているか確認しましょう。思い浮かべられなかった単語にチェックを入れましょう。

□(1) 花を売る　sell flowers
□(2) 電話に応じる　answer the phone
□(3) 仕事を始める　start the work
□(4) 夕食を終える　finish dinner
□(5) テレビを見るのをやめる　stop watching TV
□(6) 先生にたずねる　ask my teacher

ヒント ★start ★ask ★answer ★sell ★stop ★finish

おぼえていなかった単語は**単語帳 78 ページ**にもどって，もういちど確認しよう。

35 動詞⑥

1 次の絵を表す単語をおぼえているか確認しましょう。思い浮かべられなかった単語にチェックを入れましょう。

□(1) leave　□(2) win　□(3) give

□(4) find　□(5) take　□(6) drive

★ find　★ arrive　★ take　★ leave　★ win　★ drive

2 次の日本語の意味を表す英語をおぼえているか確認しましょう。思い浮かべられなかった単語にチェックを入れましょう。

□(1) 駅に着く　arrive at the station

□(2) 机の上に本を置く　put a book on the desk

□(3) 大金を手に入れる　get a lot of money

□(4) 彼の皿を持ってくる　bring his dish

□(5) 自転車に乗る　ride a bicycle

□(6) チケットをなくす　lose my ticket

★ put　★ lose　★ ride　★ bring　★ get　★ arrive

▷ おぼえていなかった単語は**単語帳 80 ページ**にもどって，もういちど確認しよう。

36 動詞⑦

1 次の絵を表す単語をおぼえているか確認しましょう。思い浮かべられなかった単語にチェックを入れましょう。

□(1) 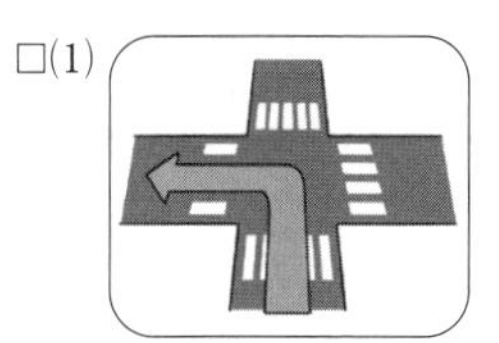
turn

□(2)
break

□(3) 
drop

□(4) 

choose

□(5) 
sleep

□(6) 

wear

★ break ★ choose ★ drop ★ wear ★ turn ★ sleep

2 次の日本語の意味を表す英語をおぼえているか確認しましょう。思い浮かべられなかった単語にチェックを入れましょう。

□(1) カナダに住む　live in Canada

□(2) 学校のかばんをチェックする　check my school bag

□(3) あなたにまた電話する　call you again

□(4) 祖父母を訪ねる　visit my grandparents

□(5) 秋には葉が落ちます。　Leaves fall in autumn.

□(6) 何が起きましたか。　What happened ?

★ call ★ visit ★ check ★ happened ★ fall ★ live

おぼえていなかった単語は**単語帳 82 ページ**にもどって，もういちど確認しよう。

37 動詞⑧

1 次の絵を表す単語をおぼえているか確認しましょう。思い浮かべられなかった単語にチェックを入れましょう。

□(1)  sing

□(2) forget

□(3)  worry

□(4) 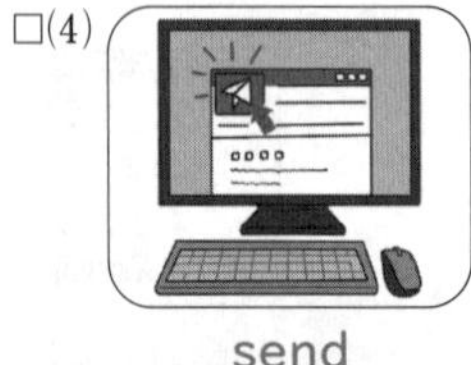 send

□(5) wait

□(6) catch

ヒント ★ wait ★ send ★ sing ★ forget ★ catch ★ worry

2 次の日本語の意味を表す英語をおぼえているか確認しましょう。思い浮かべられなかった単語にチェックを入れましょう。

□(1) 私たちの計画を変える　change our schedule

□(2) 釣りを楽しむ　enjoy fishing

□(3) パイロットになる　become a pilot

□(4) ホテルに滞在する　stay at a hotel

□(5) 野球チームに加わる　join a baseball team

□(6) フォークを使う　use a fork

ヒント ★ stay ★ join ★ enjoy ★ use ★ become ★ change

おぼえていなかった単語は**単語帳84ページ**にもどって，もういちど確認しよう。

38 動詞⑨・助動詞

1 次の絵を表す単語をおぼえているか確認しましょう。思い浮かべられなかった単語にチェックを入れましょう。

□(1) 
grow

□(2) 
borrow

□(3) 
try

□(4) 
relax

□(5) 

invite

□(6) 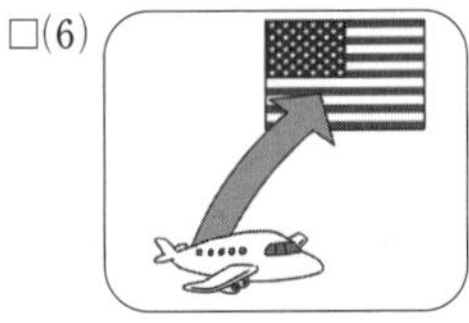
fly

★ grow ★ relax ★ fly ★ try ★ invite ★ borrow

2 次の日本語の意味を表す英語をおぼえているか確認しましょう。思い浮かべられなかった単語にチェックを入れましょう。

□(1) 窓を開けてくださいませんか。 Would you open the window?

□(2) 今日は宿題をしなければなりません。I must do my homework today.

□(3) あなたは彼女に親切にすべきです。You should be kind to her.

□(4) 私はあとであなたに電話するつもりです。I will call you later.

□(5) 小さいのをお見せしましょうか。 Shall I show you a smaller one?

□(6) 彼は 10 年前，速く走ることができました。

He could run fast ten years ago.

★ could ★ should ★ shall ★ must ★ would ★ will

▶ おぼえていなかった単語は**単語帳 86 ページ**にもどって，もういちど確認しよう。

39 形容詞①

1 次の絵を表す単語をおぼえているか確認しましょう。思い浮かべられなかった単語にチェックを入れましょう。

□(1) happy
□(2) beautiful
□(3) surprised
□(4) funny
□(5) angry
□(6) sad

★ sad ★ beautiful ★ funny
★ surprised ★ angry ★ happy

2 次の日本語の意味を表す英語をおぼえているか確認しましょう。思い浮かべられなかった単語にチェックを入れましょう。

□(1) かわいい犬 a cute dog
□(2) よいアイディア a good idea
□(3) すばらしいピアニスト a great[wonderful] pianist
□(4) 興味深い本 an interesting book
□(5) すばらしい贈り物 a wonderful[great] gift
□(6) 難しい質問 a difficult question

★ cute ★ wonderful ★ good
★ difficult ★ interesting ★ great

▷ おぼえていなかった単語は**単語帳 88 ページ**にもどって，もういちど確認しよう。

40 形容詞②

1 次の絵を表す単語をおぼえているか確認しましょう。思い浮かべられなかった単語にチェックを入れましょう。

□(1)
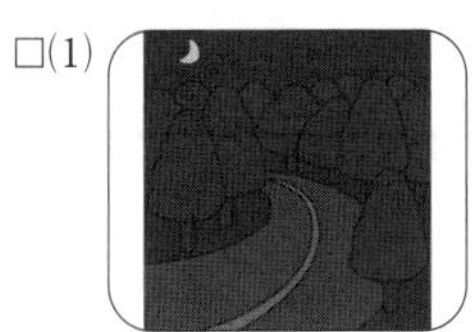
dark

□(2)

soft

□(3)

perfect

□(4)

strong

□(5)

nervous

□(6)

pretty

★ soft ★ perfect ★ pretty ★ strong ★ dark ★ nervous

2 次の日本語の意味を表す英語をおぼえているか確認しましょう。思い浮かべられなかった単語にチェックを入れましょう。

□(1) 若すぎる　too young
□(2) 私の大好きな映画　my favorite movie
□(3) 健康によい食べ物　healthy food
□(4) 静かな部屋　a quiet room
□(5) ひまな時間　free time
□(6) 彼らは同じ電車にいました。　They were on the same train.

★ healthy ★ quiet ★ young ★ favorite ★ same ★ free

おぼえていなかった単語は**単語帳 90 ページ**にもどって，もういちど確認しよう。

41 形容詞③

1 次の絵を表す単語をおぼえているか確認しましょう。思い浮かべられなかった単語にチェックを入れましょう。

□(1) delicious

□(2) busy

□(3) hungry

□(4) sleepy

□(5) sick

□(6) tired

★ tired ★ delicious ★ sleepy ★ hungry ★ busy ★ sick

2 次の日本語の意味を表す英語をおぼえているか確認しましょう。思い浮かべられなかった単語にチェックを入れましょう。

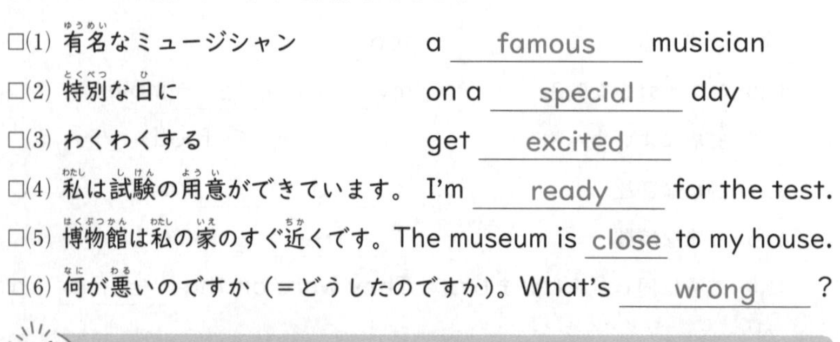

□(1) 有名なミュージシャン　a famous musician

□(2) 特別な日に　on a special day

□(3) わくわくする　get excited

□(4) 私は試験の用意ができています。 I'm ready for the test.

□(5) 博物館は私の家のすぐ近くです。The museum is close to my house.

□(6) 何が悪いのですか（＝どうしたのですか）。What's wrong ?

★ ready ★ famous ★ excited ★ wrong ★ special ★ close

▷ おぼえていなかった単語は**単語帳 92 ページ**にもどって，もういちど確認しよう。

42 形容詞④

1 次の絵を表す単語をおぼえているか確認しましょう。思い浮かべられなかった単語にチェックを入れましょう。

□(1)

careful

□(2)

near

□(3)

expensive

□(4)

bad

□(5)

popular

□(6)

far

★ bad ★ popular ★ expensive ★ near ★ far ★ careful

2 次の日本語の意味を表す英語をおぼえているか確認しましょう。思い浮かべられなかった単語にチェックを入れましょう。

□(1) よりよい案 　a better plan

□(2) 親友 　my best friend

□(3) 役に立つ本 　a useful book

□(4) やさしい問題 　an easy question

□(5) ちがった考え 　different ideas

□(6) 私の宿題はあまりにも難しいです。 　My homework is too hard .

★ different ★ easy ★ useful ★ best ★ better ★ hard

➢ おぼえていなかった単語は**単語帳 94 ページ**にもどって，もういちど確認しよう。

43 形容詞⑤

1 次の絵を表す単語をおぼえているか確認しましょう。思い浮かべられなかった単語にチェックを入れましょう。

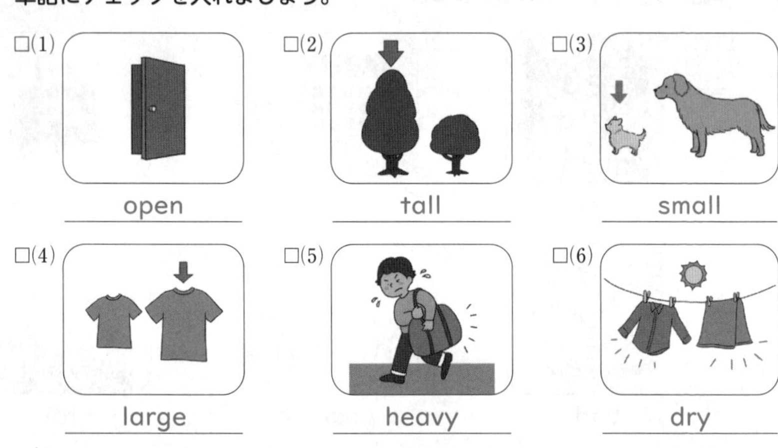

□(1) open
□(2) tall
□(3) small
□(4) large
□(5) heavy
□(6) dry

★ small ★ dry ★ heavy ★ open ★ large ★ tall

2 次の日本語の意味を表す英語をおぼえているか確認しましょう。思い浮かべられなかった単語にチェックを入れましょう。

□(1) あまりにたくさんの宿題がある　have too much homework
□(2) 軽いカメラ　a light camera
□(3) いくつかの質問をする　ask some questions
□(4) 小さい女の子　a little girl
□(5) ごめんなさい。　I'm sorry .
□(6) いくつかのペンをもっていますか。　Do you have any pens?

★ light ★ much ★ some ★ any ★ little ★ sorry

おぼえていなかった単語は**単語帳 96 ページ**にもどって，もういちど確認しよう。

44 形容詞⑥

1 次の絵を表す単語をおぼえているか確認しましょう。思い浮かべられなかった単語にチェックを入れましょう。

□(1)  high

□(2)  rainy

□(3)  snowy

□(4)  windy

□(5) 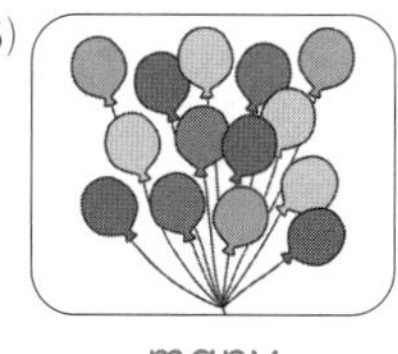 many

□(6)  sunny

★ windy ★ snowy ★ rainy ★ sunny ★ high ★ many

2 次の日本語の意味を表す英語をおぼえているか確認しましょう。思い浮かべられなかった単語にチェックを入れましょう。

□(1) 最も多くの雪が降る　have the most snow

□(2) 温かい牛乳　warm milk

□(3) 短い髪をしている　have short hair

□(4) 長い休暇　a long vacation

□(5) すばらしい天気　fine weather

□(6) 私はもっと多くの情報が必要です。I need more information.

★ warm ★ short ★ most ★ fine ★ long ★ more

おぼえていなかった単語は**単語帳 98 ページ**にもどって，もういちど確認しよう。

45 形容詞⑦

1 次の絵を表す単語をおぼえているか確認しましょう。思い浮かべられなかった単語にチェックを入れましょう。

□(1) hot
□(2) both
□(3) right
□(4) cool
□(5) cold
□(6) cloudy

ヒント ★cool ★cloudy ★cold ★both ★hot ★right

2 次の日本語の意味を表す英語をおぼえているか確認しましょう。思い浮かべられなかった単語にチェックを入れましょう。

□(1) クラスのすべての生徒　all the students in the class
□(2) 毎朝散歩をする　take a walk every morning
□(3) (手紙の書き出しで)ジャック様　Dear Jack,
□(4) 自分自身のコンピューター　my own computer
□(5) チームのそれぞれのメンバー　each member of the team
□(6) 他の人々　other people

ヒント ★dear ★other ★all ★every ★each ★own

▷ おぼえていなかった単語は単語帳100ページにもどって，もういちど確認しよう。

46 副詞①

1 次の絵を表す単語をおぼえているか確認しましょう。思い浮かべられなかった単語にチェックを入れましょう。

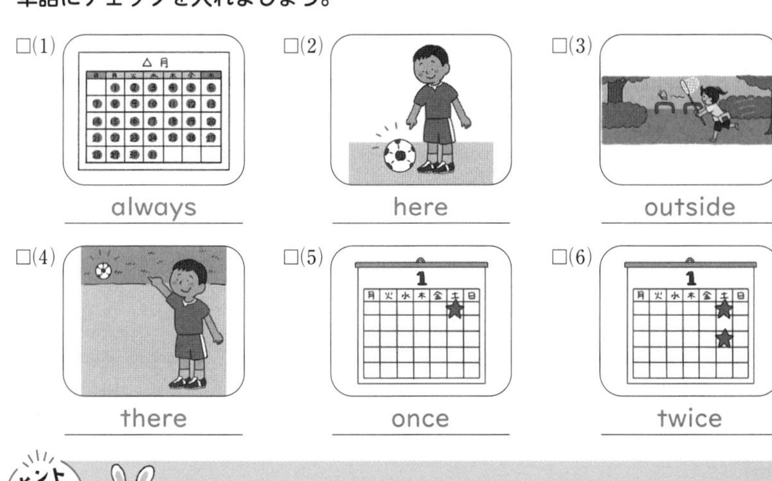

□(1) always　□(2) here　□(3) outside

□(4) there　□(5) once　□(6) twice

★ there ★ once ★ always ★ outside ★ twice ★ here

2 次の日本語の意味を表す英語をおぼえているか確認しましょう。思い浮かべられなかった単語にチェックを入れましょう。

□(1) ほんの少し　just a little

□(2) それを下に置く　put it down

□(3) 家から離れて暮らす　live away from home

□(4) 私はふだん午前6時に起きます。I usually get up at 6 a.m.

□(5) 私の母はたびたびパンを焼きます。My mother often bakes bread.

□(6) 私はときどきジョギングに行きます。I sometimes go jogging.

★ sometimes ★ often ★ down ★ away ★ just ★ usually

おぼえていなかった単語は**単語帳 102 ページ**にもどって，もういちど確認しよう。

47 副詞②

1 次の単語の意味を選びましょう。わからなかったものにはチェックを入れましょう。

□(1) already
（ ようやく ／ もう ）

□(2) still
（ いつでも ／ 今でも ）

□(3) also
（ ～も(また) ／ ただ～だけ ）

□(4) really
（ 本当に ／ いっしょに ）

□(5) well
（ じょうずに ／ どうしても ）

□(6) ago
（ ～後に ／ (今から)～前に ）

2 次の日本語の意味を表す英語をおぼえているか確認しましょう。思い浮かべられなかった単語にチェックを入れましょう。

□(1) いっしょに勉強しましょう。　Let's study together.

□(2) そのとき私は眠っていました。　I was sleeping then.

□(3) たぶん明日はよく晴れるでしょう。　Maybe it'll be sunny.

□(4) 私はあなたにまた会いたいです。
I want to see you again.

□(5) 私はすぐに戻ってきます。
I'll be back soon.

□(6) 私はいつか歌手になりたいです。
I want to be a singer someday.

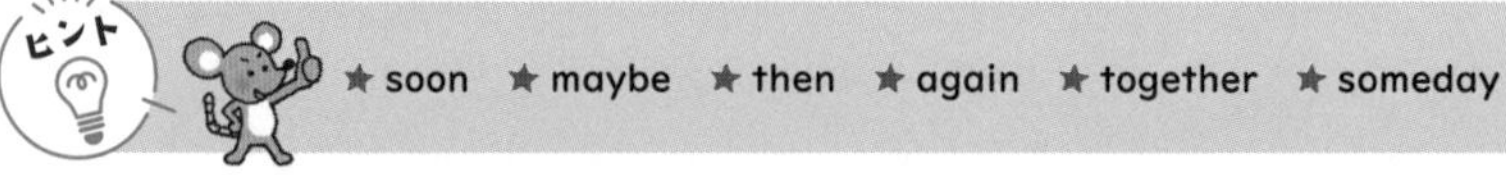

おぼえていなかった単語は**単語帳 104 ページ**にもどって，もういちど確認しよう。

48 副詞③

1 次の単語の意味を選びましょう。わからなかったものにはチェックを入れましょう。

□(1) **next**
（ 次に ／ 最初に ）

□(2) **slow**
（ ゆっくり ／ 速く ）

□(3) **only**
（ いつでも ／ ただ～だけ ）

□(4) **later**
（ あとで ／ 何度も ）

□(5) **last**
（ 最初に ／ 最後に ）

□(6) **first**
（ 最初に ／ 次に ）

2 次の日本語の意味を表す英語をおぼえているか確認しましょう。思い浮かべられなかった単語にチェックを入れましょう。

□(1) 速く走る　run fast

□(2) あなたは早く寝るべきです。You should go to bed early.

□(3) ボブは今朝遅く起きました。Bob got up late this morning.

□(4) もっとゆっくりと話してください。Please speak more slowly.

□(5) 私はほとんど母と同じくらいの背の高さです。
I'm almost as tall as my mother.

□(6) 彼女は昨日どこにも行きませんでした。
She didn't go anywhere yesterday.

★ late ★ slowly ★ early ★ anywhere ★ almost ★ fast

おぼえていなかった単語は**単語帳 106 ページ**にもどって，もういちど確認しよう。

49 前置詞①

1 次の絵を表す単語をおぼえているか確認しましょう。思い浮かべられなかった単語にチェックを入れましょう。

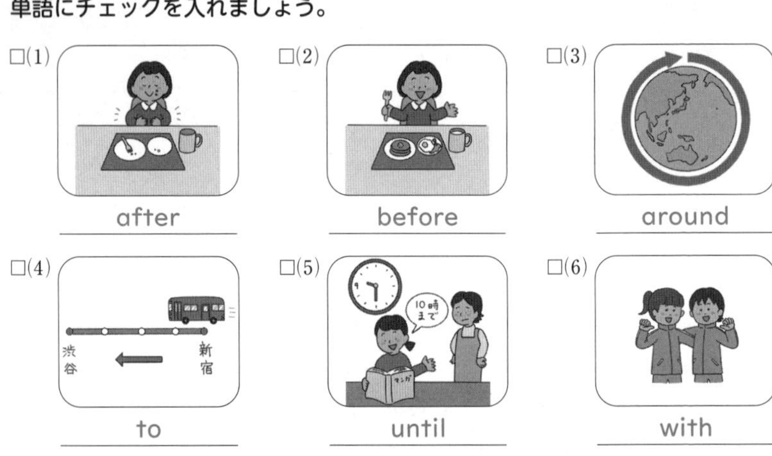

□(1) after　□(2) before　□(3) around

□(4) to　□(5) until　□(6) with

★ before　★ after　★ with　★ around　★ until　★ to

2 次の日本語の意味を表す英語をおぼえているか確認しましょう。思い浮かべられなかった単語にチェックを入れましょう。

□(1) 私の友人の１人　a friend of mine

□(2) スタジアムで　at the stadium

□(3) １時間　for an hour

□(4) バッグの中に　in the bag

□(5) 日曜日に　on Sunday

□(6) サッカーについての本　a book about soccer

★ of　★ about　★ on　★ for　★ at　★ in

おぼえていなかった単語は**単語帳 108 ページ**にもどって，もういちど確認しよう。

50 前置詞②・接続詞

1 次の絵を表す単語をおぼえているか確認しましょう。思い浮かべられなかった単語にチェックを入れましょう。

□(1) and
□(2) but
□(3) or
□(4) under
□(5) against
□(6) among

★ and ★ under ★ or ★ among ★ but ★ against

2 次の日本語の意味を表す英語をおぼえているか確認しましょう。思い浮かべられなかった単語にチェックを入れましょう。

□(1) 旅の間ずっと during the trip
□(2) 海のそばの家 a house by the sea
□(3) 私は疲れていたので，帰宅しました。I was tired, so I went home.
□(4) ピーターは私よりも速く走りました。 Peter ran faster than me.
□(5) もし明日晴れたら，私は釣りに行くつもりです。If it's sunny tomorrow, I will go fishing.
□(6) 暑かったので，私は窓を開けました。I opened the window because it was hot.

★ because ★ during ★ so ★ if ★ by ★ than

おぼえていなかった単語は**単語帳 110 ページ**にもどって，もういちど確認しよう。

51 動詞の働きをする熟語①

1 次の絵が表す熟語をおぼえているか確認しましょう。思い浮かべられなかった熟語にチェックを入れましょう。

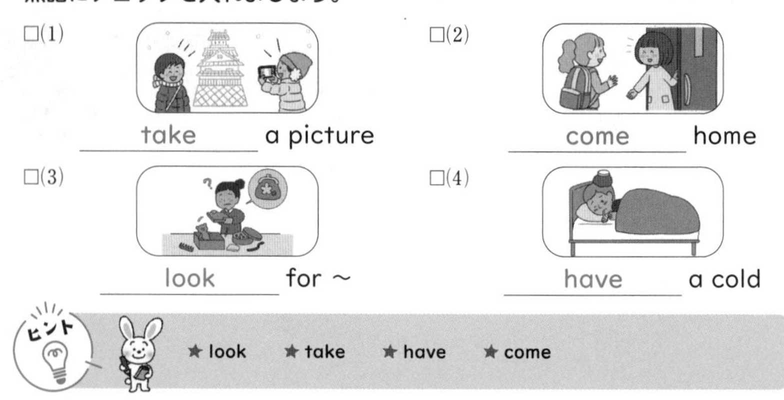

□(1) take a picture
□(2) come home
□(3) look for ～
□(4) have a cold
ヒント
★ look ★ take ★ have ★ come

2 日本語に合うように，(　　)内の適する単語を選びましょう。思い浮かべられなかった熟語にチェックを入れましょう。

□(1) I was late (to / (for)) school this morning.
私は今朝，学校に遅れました。

□(2) I ((want) / have) to buy some ice cream.
私はいくらかのアイスを買いたいです。

□(3) Ken is ((going) / coming) to play soccer after school.
ケンは放課後，サッカーをするつもりです。

□(4) My mother often (goes / (takes)) me to the supermarket.
私の母はよく私をそのスーパーマーケットに連れていきます。

□(5) We (help / (need)) to talk about our school festival.
私たちは私たちの学校祭について話す必要があります。

□(6) She (makes / (has)) to finish her homework by next Monday.
彼女は次の月曜日までに宿題を終わらせなければなりません。

おぼえていなかった熟語は**単語帳 114 ページ**にもどって，もういちど確認しよう。

52 動詞の働きをする熟語②

1 次の絵が表す熟語をおぼえているか確認しましょう。思い浮かべられなかった熟語にチェックを入れましょう。

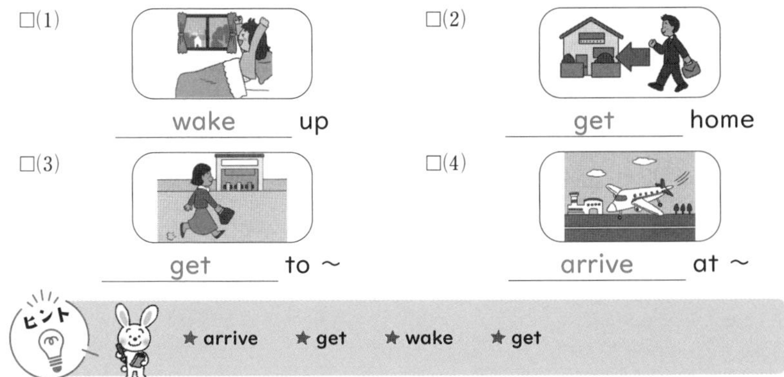

□(1) wake up

□(2) get home

□(3) get to ～

□(4) arrive at ～

ヒント ★arrive ★get ★wake ★get

2 日本語に合うように，(　　)内の適する単語を選びましょう。思い浮かべられなかった熟語にチェックを入れましょう。

□(1) He is (good / well) at playing the piano.
彼はピアノを弾くのが得意です。

□(2) She came back (from / to) the U.S. last Friday.
彼女はこの前の金曜日，アメリカから帰ってきました。

□(3) We enjoy (to dance / dancing) after school.
私たちは放課後，踊るのを楽しみます。

□(4) Mr. Smith started (to talk / talk) about himself.
スミス先生は彼自身について話し始めました。

□(5) Jim waited (for / about) his friend for a long time.
ジムは長い間，彼の友達を待ちました。

□(6) She will (move / get) to Hokkaido from Tokyo next month.
彼女は来月，東京から北海道に引っ越します。

おぼえていなかった熟語は**単語帳 116 ページ**にもどって，もういちど確認しよう。

53 動詞の働きをする熟語③

1 次の絵が表す熟語をおぼえているか確認しましょう。思い浮かべられなかった熟語にチェックを入れましょう。

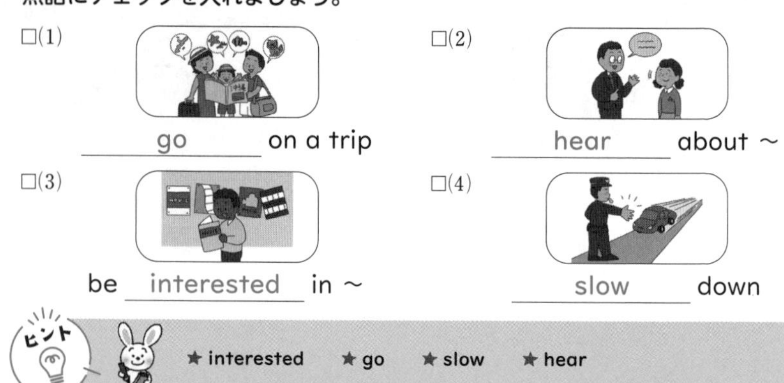

□(1) go on a trip

□(2) hear about ～

□(3) be interested in ～

□(4) slow down

ヒント ★interested ★go ★slow ★hear

2 ▢に単語をあてはめて熟語を完成させましょう。思い浮かべられなかった熟語にチェックを入れましょう。

□(1) Amy looks like her mother.
エイミーは彼女のお母さんに似ています。

□(2) My father gave up smoking.
私の父は喫煙をやめました。

□(3) Linda will go back to her country next week.
リンダは来週，彼女の国へ帰るつもりです。

□(4) She usually leaves for school at eight.
彼女はたいてい 8 時に学校に向かって出発します。

□(5) My family sometimes goes out for dinner.
私の家族はときどき，夕食のために外出します。

□(6) I talked to Ms. Brown about our homework.
私は私たちの宿題についてブラウン先生に話をしました。

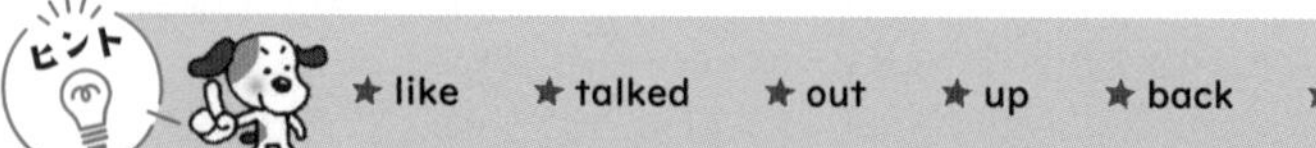

おぼえていなかった熟語は単語帳 118 ページにもどって，もういちど確認しよう。

54 動詞の働きをする熟語④

1 次の絵が表す熟語をおぼえているか確認しましょう。思い浮かべられなかった熟語にチェックを入れましょう。

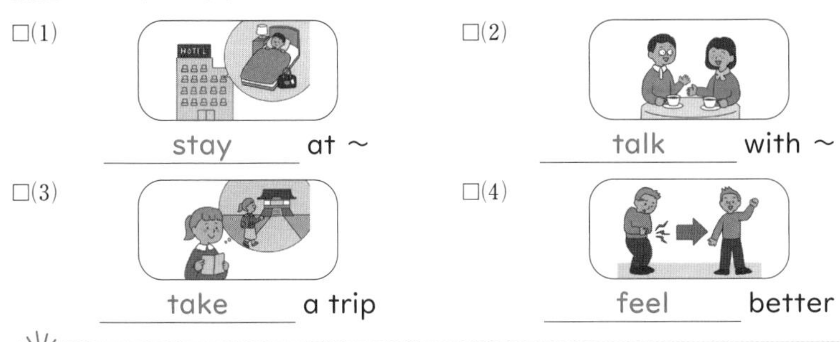

□(1) stay at ～

□(2) talk with ～

□(3) take a trip

□(4) feel better

★ talk　★ stay　★ feel　★ take

2 日本語に合うように，(　　)内の適する単語を選びましょう。思い浮かべられなかった熟語にチェックを入れましょう。

□(1) He (finished / began) eating his dinner.
彼は夕食を食べ終えました。

□(2) I stayed (with / of) my uncle in Osaka.
私は大阪で私のおじの所に泊まりました。

□(3) We got (off / on) the bus in front of the airport.
私たちは空港の前でそのバスから降りました。

□(4) They (had / took) a good time on their holiday.
彼らは休日に楽しい時を過ごしました。

□(5) They stopped (talking / to talk) when their teacher came into the classroom.
先生が教室に入ってきたとき，彼らは話すのをやめました。

□(6) My father sometimes helps me (with / of) my homework.
私の父はときどき，私の宿題を手伝ってくれます。

おぼえていなかった熟語は**単語帳 120 ページ**にもどって，もういちど確認しよう。

55 動詞の働きをする熟語⑤

1 次の絵が表す熟語をおぼえているか確認しましょう。思い浮かべられなかった熟語にチェックを入れましょう。

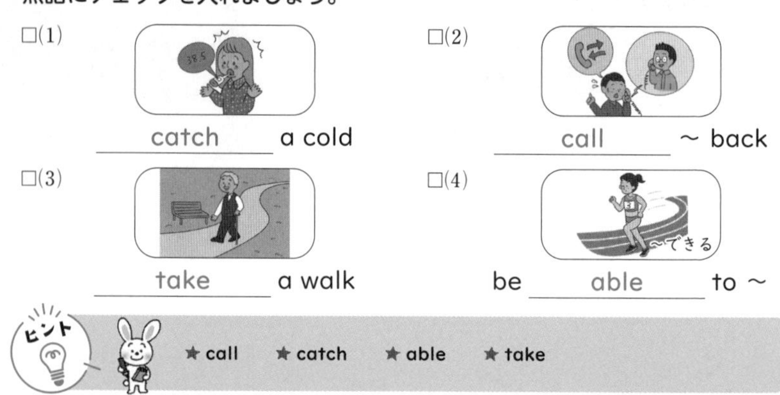

□(1)
38.5
catch a cold
□(2)
call ~ back
□(3)
take a walk
□(4)
~できる
be able to ~
ヒント
★ call ★ catch ★ able ★ take

2 に単語をあてはめて熟語を完成させましょう。思い浮かべられなかった熟語にチェックを入れましょう。

□(1) I picked up a stone.
私は石を拾いました。

□(2) Get back before it's dark.
暗くなる前に戻りなさい。

□(3) The cat is looking around.
そのネコはあたりを見回しています。

□(4) The man asked for help.
その男の人は助けを求めました。

□(5) I believe in Santa Claus.
私はサンタクロースの存在を信じています。

□(6) The sky is full of stars.
空は星でいっぱいです。

★ back ★ around ★ in ★ of ★ for ★ up

おぼえていなかった熟語は**単語帳 122 ページ**にもどって，もういちど確認しよう。

56 動詞の働きをする熟語⑥

1 次の絵が表す熟語をおぼえているか確認しましょう。思い浮かべられなかった熟語にチェックを入れましょう。

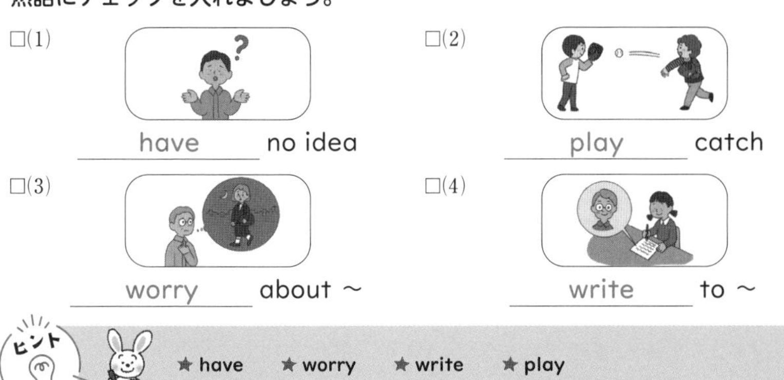

□(1) have no idea

□(2) play catch

□(3) worry about ～

□(4) write to ～

ヒント ★ have ★ worry ★ write ★ play

2 ＿に単語をあてはめて熟語を完成させましょう。思い浮かべられなかった熟語にチェックを入れましょう。

□(1) The earth goes around the sun.
地球は太陽のまわりを回ります。

□(2) Please write back soon.
すぐに返事を書いてください。

□(3) Minami said goodbye to her classmates.
ミナミは彼女のクラスメートに別れのあいさつを言いました。

□(4) Please say hello to your family.
あなたのご家族によろしくとお伝えください。

□(5) We want to become friends with the new student.
私たちはその新入生と友達になりたいです。

□(6) We should think of our future more.
私たちはもっと私たちの将来のことを考えるべきです。

ヒント ★ around ★ with ★ of ★ say ★ back ★ to

おぼえていなかった熟語は**単語帳 124 ページ**にもどって，もういちど確認しよう。

57 その他の熟語①

1 次の絵が表す熟語をおぼえているか確認しましょう。思い浮かべられなかった熟語にチェックを入れましょう。

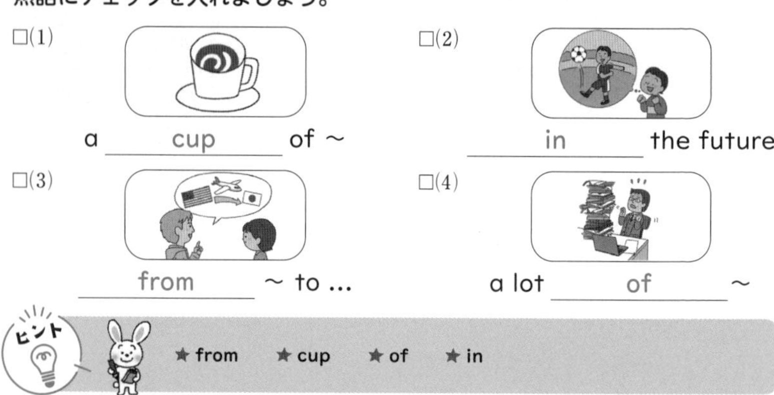

□(1) a cup of ~

□(2) in the future

□(3) from ~ to ...

□(4) a lot of ~

ヒント ★from ★cup ★of ★in

2 □に単語をあてはめて熟語を完成させましょう。思い浮かべられなかった熟語にチェックを入れましょう。

□(1) This is a kind of vegetable.
これは野菜の一種です。

□(2) I drink a glass of orange juice every morning.
私は毎朝，コップ1杯のオレンジジュースを飲みます。

□(3) She is seventeen years old.
彼女は17歳です。

□(4) Patrick is sitting next to me in the picture.
その写真のパトリックは私のとなりに座っています。

□(5) It rained all day long yesterday.
昨日は1日中雨が降っていました。

□(6) My father speaks some languages, for example, French and Spanish.
私の父はいくつかの言語を話します，たとえば，フランス語やスペイン語です。

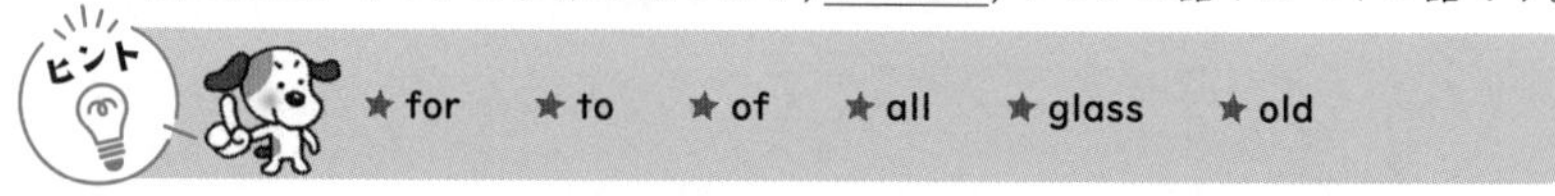

ヒント ★for ★to ★of ★all ★glass ★old

おぼえていなかった熟語は**単語帳126ページ**にもどって，もういちど確認しよう。

58 その他の熟語②

1 次の絵が表す熟語をおぼえているか確認しましょう。思い浮かべられなかった熟語にチェックを入れましょう。

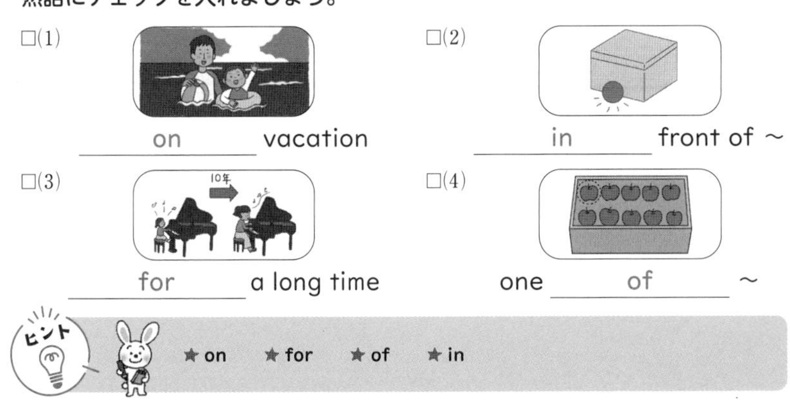

□(1) on vacation

□(2) in front of ～

□(3) for a long time

□(4) one of ～

ヒント ★ on ★ for ★ of ★ in

2 日本語に合うように，(　　)内の適する単語を選びましょう。思い浮かべられなかった熟語にチェックを入れましょう。

□(1) Last night, Jack ate sushi for (a / the) first time.
昨夜，ジャックは初めてお寿司を食べました。

□(2) He is famous all (over / on) the world.
彼は世界中で有名です。

□(3) I am a (little / small) tired today.
私は今日少し疲れています。

□(4) Steven can't come to the phone (right / light) now.
スティーブンは今すぐに電話に出ることができません。

□(5) (One / Some) day, we went to the mountains.
ある日，私たちは山へ行きました。

□(6) I met Jack on the (two / second) day of the festival.
私はそのお祭の２日目にジャックに会いました。

おぼえていなかった熟語は**単語帳 128 ページ**にもどって，もういちど確認しよう。

59 その他の熟語③

1 次の絵が表す熟語をおぼえているか確認しましょう。思い浮かべられなかった熟語にチェックを入れましょう。

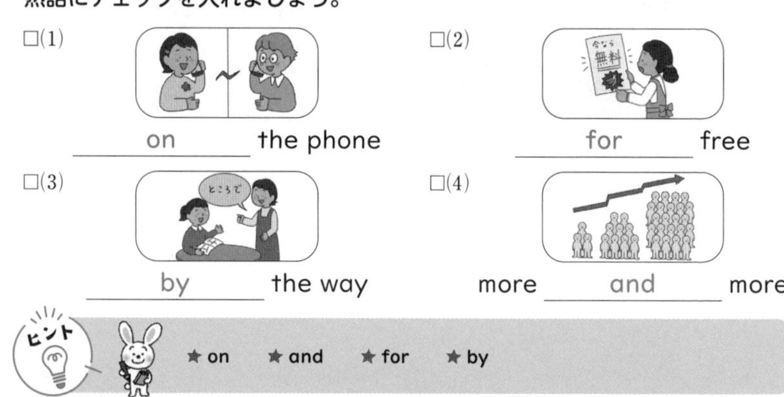

□(1) ___on___ the phone

□(2) ___for___ free

□(3) ___by___ the way

□(4) more ___and___ more

ヒント ★ on ★ and ★ for ★ by

2 日本語に合うように，（　）内の適する単語を選びましょう。思い浮かべられなかった熟語にチェックを入れましょう。

□(1) The tickets are (in / (on)) sale now.
そのチケットは今販売されています。

□(2) Ken is as strong ((as) / of) Bill.
ケンはビルと同じくらい強いです。

□(3) We can help (both / (each)) other.
私たちはおたがい助けあうことができます。

□(4) He is ((a) / the) member of the music club.
彼は音楽部の一員です。

□(5) ((At) / On) first, I didn't like coffee, but now I like it.
最初は私はコーヒーが好きではなかったけれど，今は好きです。

□(6) Charlie can't come to the party because ((of) / to) his work.
チャーリーは仕事のためにパーティーへ来ることができません。

おぼえていなかった熟語は**単語帳 130 ページ**にもどって，もういちど確認しよう。

60 その他の熟語④

1 次の絵が表す熟語をおぼえているか確認しましょう。思い浮かべられなかった熟語にチェックを入れましょう。

□(1) just around the corner

□(2) what kind of ~

□(3) out of ~

□(4) at work

ヒント ★ around ★ at ★ of ★ out

2 ［　］に単語をあてはめて熟語を完成させましょう。思い浮かべられなかった熟語にチェックを入れましょう。

□(1) Let's have lunch at noon.
正午にランチを食べましょう。

□(2) It is snowing a lot today.
今日はたくさん雪が降っています。

□(3) I go to school on foot.
私は歩いて学校へ行きます。

□(4) My son has soccer practice after school.
私の息子は放課後にサッカーの練習があります。

□(5) How long will you stay here?
あなたはどれくらい長くここに滞在しますか。

□(6) Karen can play both the piano and the guitar.
カレンはピアノとギターの両方とも弾くことができます。

ヒント ★ lot ★ both ★ after ★ how ★ at ★ on

おぼえていなかった熟語は**単語帳 132 ページ**にもどって，もういちど確認しよう。

2 1 0 9 8 7 6 5 4 3
* * D C B A